王安忆

著

史诗的罅漏里

上海文化出版社

目录

"序"的序

　　这本书由序和跋合成，分成两辑。一辑是替他人所作，二辑则是自序和自跋，其中也包括主持编选的出版，比如《写作者的历史》，就是为母亲茹志鹃的长篇小说《她从那条路上来》写的前言。归置的时候来回几遍，放进辑一，又退出来放进辑二，最后还是决定纳入自序的部分里。因这本书不只一部长篇，还有下一部的三分之一，再搜索定夺相关片断，有"自选自编"的成分。还比如《给孩子的故事》的序，应"给孩子——"丛书约，因循已有格式，篇目加导读，与严格的自序略有区别。也曾经设想单立一辑，但篇幅有限，并且，不久前人民文学出版社已经出过一本当代小说评论《麻将与跳舞》，集合多篇主编撰写语，新书的空余留给尚未成集的散杂更妥，就还是以两辑为分排。

　　通常不大给自己写序跋，要说的话都成正文了，再有多半是赘言。这里的一半是旧书新版，离开当时旷日已久，就需要说明，一是让不同年代的读者了解写作的背景起因；二也是向编者致谢，对我这样一个不甚卖座的写作人，能够耐心等待上一期版权结束，市场早已淡忘，有勇气和信心再要试一试，真的难得！除此之外，多应各种需要的合纵连横，要解释相互的关联，集结的理由。也有少些为新书所写，比如《遍地枭雄》的后记，《剑桥的星空》香港牛津繁体字版，以及最近的长篇《一把刀，千个字》台湾麦田繁体字版——其中的故事于我们是经历过的生活，海峡彼岸则不然，长期的分离，彼此难免生出隔膜。听罗大佑的歌《童年》，深为感慨，同年龄的人在不同的境遇，称得上咫尺天涯。我们走在成年期的人生，他们正望着校园秋千架上的蝴蝶。《北去的歌》一篇，是为《长恨歌》和"三恋"，即《荒山之恋》《小城之恋》《锦绣谷之恋》在韩国出版谈感想，不晓得经过语言转译，终会是怎样的面貌，好在都是关于爱和情欲，是人们共有的体验，大概可以共通。皆因事由各异，所作文字就不免零碎，不像辑一的整齐。

为他人写序跋，接近书评的文类，花费的心力和劳动都多一些，必通读全篇，归纳议题。其中难度最大，满足感也最强，是为《收获》杂志五十五生辰编年写的《虚构中的历史》，虽然都是熟读的作品，但要前后连贯在一项主旨上，很下一番阅览和解析的功夫。遗憾的是这一套编年因资金和书号的障碍直至六十周年才实现，时过境迁，这一篇就用不上了，只能收纳进我自己的库藏。像这样弃用的序还有《寿岳家》一篇，台北先行出版日本寿岳章子非虚构作品《千年繁华》，上海某工作室相继策划简体字版，提供的文本即繁体字版，著名的书评人唐诺作序，让人很有些作难，唐诺读书多，与日本又有近缘，怕是不能出新意。但那书写得十分动人，看完之后不管"序"不"序"的，只顾抒发感想，就这样成了。大约因为内部意见相左，计划出局，这篇所谓的"序"就也"中饱私囊"，入了本人的文字积累。亦有相反的情况，就是《寻找苏青》，一九九五年兴致所至写下的散文，发在《上海文学》，若干年后，台北时报出版新出苏青先生的《结婚十年》，拿去排在正文前边，多少有些充大，既不安又嗫嚅。

让我写序的大多出自文友邀约，又予以启发的写作，比如刘庆邦，史铁生，苏伟贞，蒋晓云，马家辉，黎紫书……最具挑战的是史铁生《务虚笔记》，算得上文本分析的大考。我本人重写实，史铁生则是从形而上出发，简直好比密码解译，又像参禅和考据，蛮力加韧劲，也是写实主义的生性，最后问史铁生怎么样，他说了句：你才是"精诚石开"呢！听起来是精神表彰。相比之下，有些序可在文本外的空间自由发挥，比如为《七人集》所作《我的阿姨们》，因是母亲一辈女作家的生活随笔，唤起许多成长中的往事，百感交集，写得乘兴快意。再比如《短篇小说的物理》，九久"短经典"丛书总序，选篇的范围很广，不在某人某作，容许空谈，于是，乘此机会发表短篇小说的主张，也是集多年写作和阅读的体会，偏颇是肯定的，但得撰写总序的特权，就敢一家之言，将立题限制于"物理"，在公田里种一畦自留地。第三例是《丰饶与贫瘠》，黑龙江引龙河插队知青集稿，几十万字回忆文章。引龙河我没去过，写的是当年自己插队的皖北农村，主编者沈国民也是朋友，上世纪九十年代同期的全国青联委员，一起赴京开会。他倒没有怪我离题，反很满意，说选我选对了人。写序写跋，无论为人为己，或难或易，总是愉悦的，文字和人都是自己喜欢，唯一的例外是替于东田写《东边日出西边雨》。好友们悉心编辑，努力成章，不免零散和破碎，时不时的，灵机一动，闪烁又熄灭，原本来日方长，循序渐进，却不料猝然间失了耐心，轻率斩断，草草收场，实在太过任性，让活着的人扼腕。

这就是本书的来历，将许多散漫的文字凑拢，真需要说明，再用书名点题——"史诗的罅漏里"。因为是最近的一篇，还因为"罅漏"这个词，准确说，是在正文的"罅漏"，但考虑物尽其用，就不另起了。

二〇二一年五月十一日　上海

辑一

我大约是给予小说太重的任务了，那是因为我分明看见有这样好的小说存在着，它们的存在，吸引着人的进取心，并且标出了进取的高度。

很奇怪的是，几乎所有真正的好作者的笔下，都会有这种很柔软的情绪流露。这种情感注入作品里，使它们的边缘呈现出一种接受而不是拒绝的形态，似乎随时可以融入那恢宏的背景，却始终没有融入，而是一个闪亮的斑点。它们就像一种有生命的、全身都张开呼吸毛孔的活物，那么样有弹性，活泼泼，有力量。

我看短篇小说
——刘庆邦短篇小说选《心疼初恋》序

　　谈刘庆邦应当从短篇小说谈起，因为我认为这是他的创作中最好的一种。我甚至很难想到，还有谁能够像他这样，持续地写这样多的好短篇。我以为好短篇不可多得，这也可能是因为我对短篇的理解太偏狭造成的。但不管怎么说，自从一九八六年以来，我再没写过短篇，我找不到短篇的材料。这种材料是非常特殊的：一方面它是小体积的；另一方面，它又绝不因为体积小而损失它的完整独立性。难就难在这里。

　　我并不多么欣赏都德的《最后一课》，尽管它是我们历来认为的短篇小说的精品和典范。它带给我们那些"攫取横断面"，"以一斑窥全豹"的短篇小说的观念，在我看来，是一种投机取巧的观念，当然，利用的是科学的杠杆的原理。这一类小说使我们注意并且惊叹它们的巧妙，它们的巧妙是在于如何地将读者的眼睛通过它们而看见后面的大事件，通常这就叫作"以小见大"。它们像是一种媒介，还像是一种暗示，或者比兴的手法，这确是需要过人的机智。身后的事件越是大，越是重要，那小说的场景越是集中，越是小，这作品便越是成功。这样的短篇小说其实是有着极大的依附性的，是插曲的性质。它再是典型，浓缩，一言盖之，终究只是大事件的皮毛，好比一锅汤里再精华的一勺，也只是一锅汤里的一勺。大事件自有大事件的大逻辑，大骨骼，大脉络，是那一斑，一言，一横断面代表不了的。要"以小见大"便摆脱不了依附的命运。

我也不欣赏中国式的笔记小说，这已经成为我们短篇小说的风气。一个奇人，一桩趣事，一点风月，一句警世名言，便成一篇。虽然是完整了，也独立了，可完整和独立的是什么呢？充其量是一些情趣。就说是哲理吧，也是哲理的片断。对了，就是这样，短篇小说总是给人片断的印象，其实不是。它不应当因其篇幅小而降低对自己的要求。笔记小说使我不满意的是它缺乏戏剧性，没有事件的过程。它只是一些笔墨，再是饱满完美，也不是一幅画。它也是小聪敏。要说它自成一体，这一体的格局也太过微小，分量过于轻，过于轻描淡写，削弱了短篇小说的力量。说起来，还不如前一种，那至少还是有一些志向，胸襟也比较开阔，想的是大事情。这一种却是玩味的态度，有点将小说当玩意儿，而损失了小说的严肃人生意义。它貌似完整，其实只是点缀性的，元宵节猜的灯谜，酒过三巡行的酒令，它有它的漂亮，也有诗意，可它容量太小，容纳不进人生戏剧。

我大约是给予小说太重的任务了，那是因为我分明看见有这样好的小说存在着，它们的存在，吸引着人的进取心，并且标出了进取的高度。

鲁迅的小说是好小说，但我不以为它们是短篇小说，我以为它们是中篇小说甚至长篇小说的筋骨。所以我要说，短篇还不是由它的篇幅短而决定的。它天生就具有一种特殊的结构，它并不是那句成语"麻雀虽小，五脏俱全"的意思，也就是说，它不是中长篇小说的袖珍版，它是一个特别的世界。它这个世界自有它的定理，这些定理不是从别人的世界里套用过来的。这世界小虽小，却是结结实实的一个。当然体积终是个限制，我们也不能无视它的生存条件。它确实不是宏伟的大东西，可它却也绝不该是轻浮和依附的。

是有那么一些好短篇的，比如斯坦贝克的《蛇》。它说的是一位生物学家，全身心倾注于他的生物天地，可是有一日一个女人来到他的实验室，买下他的一条蛇，以及给蛇作食物的一些老鼠，她买下了这些却并不带走，只说每过一段日子就会来喂她的蛇吃鼠。从此，生物学家便总是等着那女人来喂蛇，但那女人再没有回来过，生物学家的宁静彻底被打破了。还比如马尔克斯的《飞机上的睡美人》，写旅途上，被邻座的女人所吸引，可那女人一直熟睡着，直到飞机降落前醒来，也没搭上话，终于他发现："飞机上相邻的乘客完全和年迈的夫妇一样，醒来都不问早晨好。"一个有始有终的邂逅故事就此完成。

这些短篇几乎可遇而不可求，可是不求又怎么办？际遇灵感的概率是那么低，所以我们还只能下笨功夫。这也就是凡是好短篇都带有炉火纯青意思的道理。好短篇是神灵所至，也是锻炼的结果。它有些像箭在弦上，集全身的力量和注意于一发，其实是很耗神的。

好短篇看上去似乎有些像寓言，这又是一种误解，寓言的目的性太强，道理说清就完。而短篇毕竟是小说，小说是目的性比较模糊的东西，它不是那样直逼目的地，或者说，它的目的比较广阔。说是说彼岸，但那是地平线样的无头无尾的一条，终是茫茫无际的。在这一点上，无论短、中、长，凡小说都是一样。所以短篇是要比寓言混沌，而寓言则骨骼分明，此是此，彼是彼。说它混沌却不是散漫，那些闲谈、传闻，如采风般从民间采来的东西，也是不可叫作短篇小说的，因为那里面没有思考。尽管是说"生命之树长青"，"天然无雕琢"，可那指的是第二次否定，是经过理性的阶段之后。小说是理性的果实，短篇也不能偷懒。它一定是人工制作的东西，是主观世界的产物，在它的混沌里还是隐着一条思路，引导向彼岸去。

好短篇在很多人都带有偶然性，而对刘庆邦却不是，他特别能出短篇。他的短篇小说几乎都完整独立，它们并不企图去映照一个大世界，却建设了一个个小世界。这世界虽小，却绝不是鸡毛蒜皮，绝不无聊，而是极其严肃的世界。刘庆邦没有什么野心，要使他的小说成为历史的瞬间，他很甘于平凡地，将他的小世界垒好就是。却能看出他的用心，燕子衔泥似的，一口又一口。你读他的文字，能体会到他对文字的珍爱，这是一个如农民爱惜粮食般爱惜文字的人，从不挥洒浪费，每一个字都用得是地方。他也爱惜他眼睛里的景观和心灵的景观，他爱它们不是因为它们称得上什么名目，挂得上什么大道理，他只为自己的感动而爱它们，因此要好好地安排它们的命运。他不存奢望，要高瞻远瞩，他只是将目力所及范围内的景色看熟，看到至亲至近。他是一个过日子很仔细的人，也因为他是一个感性的人，对日常的细节很能体会。这甚至决定了他看世界的方式。

刘庆邦不是统摄全局的眼光，他只专注于局部。但这不是说他的胸襟狭小，或许正相反，因他是对全局有了解，便怀有敬畏之心，自知不得超越有限，将目光放平了。而唯有特别温柔丰富的心灵，才可能赋予局部以完整而活泼的情感过程。在他的短篇小说里，我们可感受到一个个情感世界，起承转合，各得其所。刘庆邦的短篇小说是特别不接近寓言的短篇小说，同我上面所举的两篇好短篇也不同，他不巧妙，不机智，他甚至是有些笨的。他真的是像农民种粮食似的，耕作一方田地。他的短篇不企图告诉什么道理，用它们来说明寓言不是短篇是再好不过的。他的短篇开头的部分甚至有些散淡，你会担心他收不拢尾，可是到了末了，你却惊异它的完整。它们从来不是有头无尾，也不是故弄玄虚，它们老实本分，不要滑头，恪守职责。其实这里是需要有自信和能力的。如今，半拉的故事特别多，有故意不收场的，但至少有一半是收不了场的。刘庆邦从来不做这样的事，是规矩，也是有办法。

刘庆邦天性里头，似乎就有些与短篇小说投合的东西，这是一种谦虚和淳朴的东西，它们忠实于自己的所感所思，在承认有限之中，尽全心全力地发展完善。比较方才所说的灵感与锻炼，这种天性是短篇小说更为本质的东西，可说是短篇小说的心。也大约是这天性使然，刘庆邦一旦要动手去写中篇或长篇，前景总是不妙，你感觉到他的茫然，无从抓挠似的。除了在某些局部，流露着他的特别良善温柔的情感，在你心上又轻又重地打击了一下，从总体来说，却是平铺直叙，还显出些杂沓。甚至由于违背天性，还有着些微时尚的痕迹，使人感到，刘庆邦是有些掌握不了局面了。看来，说起来只是体裁的事情，却原来是和我们看世界的方式有关系。刘庆邦眼睛里的世界是微观世界，他的中长篇就有些像一些微观世界的堆垒，这不是可以做加法的事情，而是与生俱来。

这短篇小说的小世界，是独立的，却一定不是孤立的。这也是小说的最重要特质之一，那就是它不是天上掉下来的，也不是石头缝里蹦出来的，它一定与我们的人生有关。这是小说的入世性质，它不是虚无的产物，这是因它的现实材料所决定的。无论你如何予它以反常的面目，它终是人间的心。要说，小说大约是艺术中最俗的一门，所以，它也是最容易被人忽视其独立性的一门。这两者之间的关系，是可穷我们一生去了解与发现的。而这问题，在短篇小说里，大约是更加显得尖锐和极端。因短篇小说的体积会使它具有较大的封闭性，就好比一些笔记小说或寓言小说，写一点儿雅趣和哲理，说是提炼出来的，提炼的也是金丹，没有骨血和活气。好短篇却是有渊源的活水。这又取决于写作者的看世界。就是前面说过的那句话，专注局面不等于胸襟狭小，无论我们创造的是怎样的自我的小世界，我们都应当对那巨大的存在抱有热忱和情感。自然是我们每个人的财富，尤其是我们这些也要创造一些什么的人们的财富，怎么可能不叹服自然的创造力？

在刘庆邦的小说中，你可以看见这样的惊喜和热情，它们是以一种特别动人的温存态度表达出来的。而且，很奇怪的是，几乎所有真正的好作者的笔下，都会有这种很柔软的情绪流露。这种情感注入作品里，使它们的边缘呈现出一种接受而不是拒绝的形态，似乎随时可以融入那恢宏的背景，却始终没有融入，而是一个闪亮的斑点。它们就像一种有生命的、全身都张开呼吸毛孔的活物，那么样有弹性，活泼泼，有力量。在刘庆邦的短篇里，你会有这样浑然一体的感受，它们每一篇都很好，是有窗口的小房子，你可以不朝窗外看，可是有窗口和没窗口就是不一样。这就是刘庆邦的世界。短篇小说对于他来得特别重要，是因为它们是最好的体现刘庆邦世界的方式。

一九九五年三月二十七日　上海

寻找苏青
——《结婚十年》序

想到这个题目是因为读到一篇文章，金性尧老先生的《忆苏青》。文中有一节，是写五十年代，金性尧老与苏青所见最后一面，"她穿着一套女式的人民装"，这套服装确是出人意外，总觉着五十年代的上海，哪怕只剩下一个旗袍装，也应当是苏青，因为什么？因为她是张爱玲的朋友。

苏青是在我们对这城市的追忆时刻再次登场的，她是怀旧中的那个旧人。她比张爱玲更迟到一些，有些被张爱玲带出来的意思。她不来则已，一来便很惊人，她是那么活生生的，被掩埋这么多年几乎不可能。她不像张爱玲，张爱玲与我们隔膜似乎能够理解，她是为文学史准备的，她的回来是对文学负责。即便是在文学里，她被我们容易接受的也只是表面文章：一些生活的细节，再进一步抑或还有些环境的气息。那弄堂房子里的起居，夹着些脂粉气，又夹着油酱气的；从公寓阳台上望出去的街景，闹哄哄，且又有几分寂寞的；还有女人间的私房话，又交心，又隔肚皮。这些都是"似曾相识燕归来"，可是，张爱玲却是远着的，看不清她的面目，看清了也不是你想看的那一个，张爱玲和她的小说，甚至也和她的散文，都隔着距离，将自己藏得很严。我们听不见张爱玲的声音，只有七巧，流苏，阿小，这一系列人物的声音。只有一次，是在《倾城之恋》里，张爱玲不慎漏出了一点端倪。是流苏和范柳原在香港的日子里，两人机关算尽，勾心斗角冷战时期，有一晚，在浅水湾饭店，隔着房间打电话，范柳原忽念起了《诗经》上的一首"死生契阔，与子相悦，执子之手，与子偕老"。我总觉得，读诗的不是范柳原，而是张爱玲。张爱玲的风情故事，说是在上海的舞台演出，但这只是个说法，其实，是在那"死生契阔"中。那个时代的上海，确有着"死生契阔"的某种特征：往事如梦，今事也如梦，未来更如梦。但这是旁观者所看见的，局中人看到的或是刀光剑影，生死存亡，或就是蔷薇蔷薇处处开。张爱玲的声音听到头来，便会落空，她满足不了我们的上海心。因此，张爱玲是须掩起来看的，这还好一些，不至坠入虚无，那些前台的景致写的毕竟是"上海"两个字。苏青却跃然在眼前。她是实实在在的一个，我们好像看得见她似的。即便是她的小说，这种虚构的体裁里，都可看见她活跃的身影，她给我们一个麻利的印象，舌头挺尖，看人看事很清楚，敢说敢做又敢当。我们读她的文章，就好比在听她发言，几乎是可以同她对上嘴吵架的。她是上海三十年代和四十年代的马路上走着的一个人，去剪衣料，买皮鞋，看牙齿，跑美容院，忙忙碌碌，热热闹闹。而张爱玲却是坐在窗前看。我们是可在苏青身上，试出五十年前上海的凉热，而张爱玲却是触也触不到的。可是，我们毕竟只能从故纸堆里去寻找苏青。说是只隔了五十年，只因为这五十年的风云跌宕，有着惊人的变故，故纸堆也积成了山。许多事无从想象。即便从旧照片上，看见一个眼熟的街角，连那悬铃木，都是今天这一棵，你依然想不出那时的人和事，苏青在眼前再活跃，也是褪色的黑白片里的人物。她的上海话是带口音的，有些乡土气。那样的上海话讲述的故事听都听得懂，想却要想走样的。所以，当知道苏青在我们身边直到八十年代初期，真是吃惊得很，总觉得她应当离我们远一些。张爱玲不是远去了，她避开了穿人民装的时代，成为一个完整的旧人，虽生犹死。苏青为什么不走？由着时代在她身上划下分界线，隔离着我们的视线。苏青的文字，在那报业兴隆的年头，可说是沧海一粟。在长篇正文的边角里，开辟了一个小论坛，谈着些穿衣吃饭，侍夫育儿，带有妇女乐园的意思。她快人快语的，倒也不说风月，只说些过日子的实惠，做人的芯子里的话。那是各朝各代，天南地北都免不了的一些事，连光阴都奈何不了，再是岁月荏苒，日子总是要过的，也总是差不离的。当然，不是钻木取火的那类追根溯源的日子，而是文明进步以后的，科学民主，再加点人性的好日子。上海的工薪阶层，辛劳一日，那晚饭桌上，就最能见这生计：莴笋切成小滚刀块，那叶子是不能扔的，洗净切细，盐揉过再滗去苦汁，调点麻油，又是一道凉菜；那霉干菜里的肋条肉是走过油的，炼下的油正好煎一块老豆腐，两面黄的，再滴上几滴辣椒油；青鱼的头和尾炖成一锅粉皮汤，中间的肚当则留作明日晚上的主菜。苏青就是和你讨论这个的。这种生计不能说是精致，因它不是那么雅的，而是有些俗，是精打细算，为一个铜板也要和鱼贩子讨价还价。有着一些节制的乐趣，一点不挥霍的，它把角角落落里的乐趣都积攒起来，慢慢地享用，外头世界的风云变幻，于它都是抽象的，它只承认那些贴肤、可感的。你可以说它偷欢，可它却是生命力顽强，有着股韧劲，宁屈不死的。这不是培育英雄的生计，是培育芸芸众生的，是纪念碑矗立的那个底座。这样的生计没什么诗意，没什么可歌可泣的，要去描写它，也写不成大篇章，只能在报纸副刊的头尾占一小块，连那文字也是用的边角料似的，是一些碎枝末节。

苏青是有一颗上海心的，这颗心是很经得住沉浮，很应付得来世事。其实，再想一想，这城市第一批穿女式人民装的妇女，都是从旗袍装的历史走过来，苏青是她们中间的一个。不能接受的原因只在于，苏青留给我们文字，使她幡然眼前，而其余的人，都悄然掩于历史的背后。所以我们就把苏青的形象规定了，是旧时的装束。再说，她又没有给我们新的文字，好让我们去揣度新的形象。说起来也是，这城市流失了多少人的经历和变故，虽说都是上不了历史书的，只能是街谈巷议，可缺了它，有些事就不好解释，就有了传奇的色彩，这也就是人们常说的，上海历史的传奇性的意思，其实，每一日都是柴米油盐，勤勤恳恳地过着，没一点非分之想，猛然间一回头，却成了传奇。上海的传奇均是这样的。传奇中人度的也是平常日子，还须格外地将这日子夯得结实，才可有心力体力演绎变故。别的地方的历史都是循序渐进的，上海城市的历史却好像三级跳那么过来的，所以必须牢牢地抓住做人的最实处，才不至恍惚若梦。要说苏青聪敏胜人一筹的，就在这地方，她脑子清楚，不做梦。苏青的文章里，那些识破骗局的人生道理，总是叫人叹服。尤其是关于男人女人的，真是撕破了温柔的面纱，一步步进逼，叫人无从辩解。

苏青不免得罪了两下里，男人和女人都要把她当敌人，但毕竟太过激烈，也流露出些言不由衷的意思。好像故意要把温情藏起来，好使自己不软弱。并且，一点松懈不得，稍不留意就会被打了伏击。这就是独立女性的处境，以攻为守的姿态。内心里其实还是希望有男人保护的，她与张爱玲对谈时，不是提出过标准丈夫的五条要则吗？尤其是第五条，"年龄应比女方大五岁至十岁"，是希望丈夫如兄长的。只是知道现实不可能，也知道即便可能却是要付代价的，便采取放弃。她既不要了，就有了权利批评。她比那些编织美梦迷惑自己的人要硬朗、尖锐，却也少一些诗意。她是看得穿的，张爱玲也看得穿，张爱玲看穿了的底下是"死生契阔"，茫然之中却冉冉而起一些诗意，是人的无措无奈因而便无可无为的悲和喜，是低伏了人仰视天地的伟岸而起的悲和喜，是有些悲极而喜的意思。苏青的看穿却有些看回来的意思。晓得做人是没意思的，就挑那些有意思的去做；晓得人是有限的，就在有限的范围里周转；晓得左右他人没有可能，就左右自己吧！都是认清现实，也都是妥协，张爱玲是绝望的，苏青却不肯，不肯也不是强命的不肯，而是直面的，在没意义中找意义。但她不像冰心，在人世间能找到许多爱的。她的处境比冰心严酷得多，倒不是说处境不好，而是上海这地方做人的欲望都是裸露的，早已揭去情感的遮掩，有一是一，有二是二，"爱"也不是没有，而是显得不实惠。所以，苏青是不能靠"爱"来安慰，而是需要更实在的东西。因此，她也是不会如丁玲那样，跑到延安找希望。连延安的希望于她都是渺茫的，她就是实到这样的地步，只承认她生活的局部给予她的感受，稍远一些，不是伸手可及的，便不被纳入她的现实。像她这样一个很少浪漫气的人会做作家，也只有在上海，繁荣的报业成全了她，庞大的市民读者成全了她。

　　说苏青目光短浅不错，她到底还是诚恳的，忠实于一个井底之蛙的见识。那些锋芒只能气人，还伤不到人。她对人世谈不上有什么大仇大恩，大悲大喜。只不过是一些负气和兴致，这特别适合用于上海这个地方，用来对付眼前的人和事，最有效果，它占不了多少精神空间，是日常起居的形态。也别小看了它，它不过是从小处着眼，却是能做出大事业的。上海这地方的高楼和马路，哪一桩是精神变物质地变出来的？全是一砖一石垒起来的。你一进这城市，就好像入了轨，想升，升不上天，想沉，也沉不到底，你只能随着它运行。理想和沉沦都是谈不上的。有这两样的早晚都要走，张爱玲走了，萧红也走了。萧红的悲和喜都显得太重了，在这里有些用不上，那是用于呼兰河的大园圃的。男性还好些，可到民族危机，政治风云中去开辟精神的天地，建设起他们的大恨和大爱，又是在那样的年头，生死存亡，你死我活的。女性却是生活在世道的芯子里，凭的是感性的触角。说是自私也可以，总之是重视个人的经验超过理性的思索。上海这地方又是特别能提供私人经验的，不是人生要义的性质，是一些是非短长，决不是浪漫的萧红所要的，却是正中苏青的胃口。

倘若能看清苏青，大约便可认识上海的女性市民。人们只看见上海女市民的摩登，因这摩登是欧美风的，尤以巴黎为推崇，于是便以为上海女市民高贵优雅。却不知道她们的泼辣。张爱玲的小说里写了这泼辣，可小说是小说，总是隔一层。要看苏青的文章，这泼辣才是可信的。那能言善辩，是能占男人上风的。什么样的事她不懂？能瞒过她的眼睛？她厉害，刻薄，却也不讨人厌，这便是骨子里的世故了，是明事理的表现，也是经事多的表现。面上放开着手脚，无所不往的样子，心里却计算着分寸，小不忍却不乱大谋。是悉心做人的意思，晓得这世界表面上没规矩，暗底下却是有着钢筋铁骨的大原则，让你几分是客气，得陇望蜀却不可。所以她不是革命者，没有颠覆的野心，是以生计为重的，是识相和知趣，上海女市民个个都懂的，在她们的泼辣里藏着的是乖。这乖不是靠识书断字受教育，是靠女性的本能，还有聪敏和小心。

假如能够听见苏青说话，便会在上海的摩登里，发现有宁波味，这是上海摩登的底色。于是，那摩登就不由自主地带了几分乡下人的执拗，甚至褊狭。这摩登看久了，能看出一股不服输的劲头，一根肠子通到底的。你看那些旧照片上，南京路上如林的招牌店号，密密匝匝，你争我抢的样子，天空都挤窄了。底下的人群也是一窝蜂地上，橱窗里有什么，身上就有什么。都说上海热闹，这热闹也叫起哄，众人拾柴火焰高的。看那霓虹灯的颜色，其实是一股子乡气。没些耿劲，是挤不进摩登的行列。看野史里面说，当年的江青午夜从片厂出来，遇到劫路的，抢她的钱袋，她死拽住不放，让打得鼻青脸肿，硬是没让得手。女朋友说何必呢，她回答道，上海这地方，没有钱一步也不行，我说的就是这股子劲。当然，苏青是要从容些的，因为她比较伶俐。光靠她留下的文字，很难为她画个像，但大约她是那种"鉴貌辨色"的人，挺有人缘的，连孤僻的张爱玲，都与她做朋友。在上海，没有朋友也是一步不行的，苏青的任性是表面，属于形象工程，心里却很审慎，准备着应变。想当年，她是何其活跃的一个，这活跃里使着心力，好在她精力旺盛，这也是乡下人的脾气，不偷懒，不娇惯。上海，可不是大小姐的世界，它讲的也是男女平等，是对女性收回权利，也收回责任，不是像延安那样，对女性讲照顾。

苏青的小说《蛾》，是有些"莎菲女士"的意思，虽是浅显简单，热烈和勇敢却相似的。后来，丁玲去了延安。丁玲是要比苏青"乌托邦"的，她把个性的要求放大和升华了，苏青却不，她反是要把个性的要求现实化。她过后再没写过这样的"五四"式激情的小说。《结婚十年》几乎是纪实性的小说，一点没有夸张的，如实记叙。理想和牺牲都是言过其实，虚张声势，其实又何必呢？飞蛾扑火是太艺术化了，而苏青即使在文章里，也不讲艺术的。这是她好的一面，就是真实。苏青写文章，凭的不是想象力，而是见解。她的见解不是有个性，而是有脾气。这脾气很爽快，不扭捏，还能自嘲，单刀直入的，很有风格。而像个性，却不是讲风格的，而是讲立场，这个，苏青没有。《蛾》里面的那一点，大约也是从俗了，不过，她的文字功夫还是好的，最大的优点是明白，描人画物，生动活泼，说起理来也逻辑清楚，推理直接，带着些诡辩，你很难辩过她，每一次笔战，都以她的一篇最后收尾。这是有些宁波风的，俗话不是说"宁与苏州人吵架，不和宁波人说话"？上海这地方，要的就是凶，是随大溜里凶过一点头，就是超凡出众。

要找苏青，其实不难找，那马路上走着的一群一伙的女子，都是苏青，苏青不过是比她们凶一点的。当然，苏青还会写文章。悬铃木的叶子换了多少代了，叶子下的苏青也是换了装的。这城市能撑持到现在，那灯说亮就亮，人是漫漫的一街，都是靠苏青的精神挺过来的。这马路上赶超先进的摩登，十年走完百年的路，也是靠苏青那心劲挺过来的。再要看那报端报尾的文章，苏青和她的论敌又回来了，不过是零碎了一些，散了的神来不及聚起似的。找一个苏青，来的却是一大批，偃旗息鼓数十载，此时又凶起来了。都在说上海的繁华旧梦，梦里的人知道是谁吗，说是苏青你们又不信，她是太不够佳人倩影了。要说上海旧梦的芯子是实实的一团，也怕你们不信。事情一要成梦，不由就变得轻盈起来，苏青却没有回味的余地。宁可是张爱玲，也不能是苏青。因为张爱玲虚无，而苏青则实实在在。想明白了，才觉得苏青是可以穿那女式人民装的，金性尧老先生不是说"当时倾国倾城的妇女都是清一色的，要知道在五十年代这便是风靡一时的女式'时装'了"？苏青为什么不穿？这就是苏青利落的地方，要是换了张爱玲，麻烦就大了。其实，旗袍装和人民装究竟有什么区别？底下里，芯子里的还不是一样的衣食饱暖。雪里蕻还是切细的，梗归梗，叶归叶；小火炖着米粥，炼丹似的从朝到夕，米粒儿形散神不散；新下来的春笋是用油酱盐焗的，下饭甚是可口。这平常心虽是没有哲学作背景的，却是靠生活经验打底，也算得上是千锤百炼。张爱玲也是能领略生活细节的，可那是当作救命稻草的，好把她从虚空中领出来，留住。苏青却没有那么巨大的虚空感，至多是失望罢了，她的失望都是有具体的人和事，有咎可查，不像张爱玲茫茫然一片，无处抓挠的。苏青便可将这些生活细节作舟筏，载她渡过苦海，在这城市最暗淡的时日里，那紧掩着的三层阁楼窗户里，还飘出一丝小壶咖啡的香气，就是苏青的那舟筏。这城市的心气高，就高在这里，不是好高骛远，而是抓得住的决不放过，有一点是一点。说是挣扎也可以，却不是抵死的，是量力而行，当然，也有亢进和颓唐的，但我讲的是中流砥柱。那最大群最大伙的，却都是务实不务虚，苏青是其中的一个，算得上精英的。在那个飘摇的孤岛上海，她只有将人生看作一件实事，是必要的任务，既然不可逃避，就要负起责来。还有以后的许多飘摇不定，都是凭这个过来的。不谈对上帝负责，也不谈对民众负责，只说对自己，倒是更为切实可行，在这个城市里做市民，是要有些烈士的心劲，不是说胸襟远大，而是说决心坚定，否则就顶不住变故的考验。苏青是坚持到底了。作为一个作家，她是从文坛上退场，默默无闻，连个谢幕仪式都没有。可作为一名市民，她却不失其职，没有中途退却。她的被埋没，其实也在意料之中，时代演变，旧的下场，新的上场。传奇的上海，又将这替换上演得更为剧烈，当年的声色，有多少偃旗息鼓，烟消云灭。一个苏青，又有什么？她不早就说过，在人家的时代里，只能是寄人篱下？我想，苏青即便是穿人民装，那人民装也是剪裁可体，并且熨烫平整，底下是好料子的西裤。等那毛料裤磨损得厉害了，苏青便也上了年纪，到底好将就些。不是大彻大悟，而是没办法。没办法就没办法，牢骚是要发几句的，苦经也须叹叹，然而，仅此而已。

一九九五年五月二十五日　上海

（苏青《结婚十年》，台湾时报出版二〇〇一年版）

精诚石开

——史铁生《务虚笔记》序

一九九〇年夏在北京，去史铁生家，他向我演示新式写作武器，电脑。在鼠标的点击下，一步步进入腹地，屏幕上显出几行字，就是他正写作的长篇小说《务虚笔记》，应当是第四章"童年之门"中"一个女人端坐的背景"的一节。这样一个静态的、孤立的画面，看不见任何一点前后左右的因果关系，它能生发出什么样的情节呢？它带有一种梦魇的意思，就是说，处于我们经验之外的环境里，那里的人和事，均游离我们公认的常理行动，那又将是什么样的原理呢？怀着狐疑，第二天一早我又去到史铁生家。他不在，他父亲说他到地坛去了，就是《我与地坛》中的那个地坛，在这本书里，他也写到过，称之为"古园"。于是我坐着等他，当他摇着轮椅进来，一定很惊奇，怎么又看见我了？闲扯几句，我捺不住提出，再看看他的电脑，事实上是，再看看他的长篇。这其实有些过分，谁也不会喜欢正写着的东西给人看，这有些近似隐私呢。然而，史铁生是那样一个宽仁的人，而且，还是坦然的人，他顺从地打开电脑，进入写作中的长篇。我请求他再往前滚动，于是，出现了"一根大鸟的羽毛，白色的，素雅，蓬勃，仪态潇洒"。我再请求向后滚动，却很快完了，他抱歉地说：就只写到这里。他已经倾囊而出，可我还是不能明白，这究竟是一部什么样的小说。只有一点是明显的，那就是，这是一部纯粹虚构的东西。我说"纯粹虚构"，意思不是说还有不是虚构的小说。小说当然是虚构的性质，但小说是依着现实的逻辑演绎故事。我在此说的"纯粹虚构"，指的是，史铁生的这部小说摆脱了外部的现实模拟性，以虚构来虚构。追其小说究竟，情节为什么这样发生，而非那样发生，理由只是一条，那就是经验，我们共同承认的经验，这是虚构中人与事发生，进行，最终完成虚构的依扶。而史铁生的《务虚笔记》，完全推开了这依扶，徒手走在了虚构的刀刃上，它将走到哪里去呢？

这实在是很险的。

时过三年，一九九三年春，我在北京借了一小套单元房，排除一切干扰写小说。有一日，几个朋友一起晚饭，其中有史铁生，席间，只听他自语似的嘀咕一句，意思是这阵子不顺遂，两个星期就在一小节上纠缠。看上去，他依然是平和的，不过略有些心不在焉。可在他也已经够了，足够表示出内心的焦虑。我们都知道他正泡在这长篇里头，心里都为他担心，不知这长篇要折磨他到什么时候。长篇对于别人也许没什么了不得的，但对史铁生，真的是一个挑战。还是方才那句话，他推开了现实模拟性的依扶，走在虚构的刀刃上，能走多远呢？长篇是大工程，还不仅指劳动力和时间的付出，更指的是需要有填充篇幅的巨大的量。这个"量"通常是由故事来积成，而故事则由经验与想象一并完成。在此，经验不只是写作的材料，还是想象所生发的依据，就像前边曾说过"情节为什么这样发生，而非那样发生"的理由。这是写作小说的资源，长篇消耗尤剧。轮椅上的生涯，却使这资源受到了限制。

自从坐上轮椅，史铁生不得已削弱了他的外部活动，他渐渐进入一种冥思的生活。对这世界上的许多事物，他不是以感官接触，而是用认识，用认识接近，感受，形成自己的印象。这样，他所攫取的世界便多少具有着第二手的性质。他当然只能从概念着手，概念总是枯乏的，不是说"理论是灰色的，生命之树常绿"？因概念无论如何已是别人体验与归纳过的结论，这也无论如何都会在他与对象之间，拉起一道屏障。他就隔着这层灰色的屏障，看这世界，这世界很难不是变形的。可是，变形就变形，谁敢说谁的世界完全写实？谁的感官接触不发生误差，可完全反映对象？倘完全是翻版，不就又退回到概念之前去了？说得好是素朴的世界，其实也是混沌与懵懂。只是史铁生的变形世界排除了生动活跃的感性参与，不免是艰涩的。但命运已经规定史铁生身处概念，他不可能回进自然，残疾取消了他回进自然的条件，史铁生是没有退路的。那么，史铁生的出路在哪里？停在原地，滞留于灰暗的景观之中？或者，也许，还有一条进路，那就是从这概念的世界里索获感性的光明。也就是说，这世界的变形质量，是逊于一般水准，还是超出共享的范畴？那就要看个人心智的能量，或者说个人的思想力度，心智和思想能否达到一个程度——用《务虚笔记》第十二章"欲望"中的说法，就是欲望，"生命就是欲望"。这就好像意识决定存在的意思，"神说，要有光，就有了光"的意思，听起来有点玄，可这就是史铁生的现实处境。他活在暗处还是有光处，他享有怎样的快乐，就取决于他的自觉与主动性。从这一点上说，史铁生的命运就又和唯物论接上轨了，他其实并不像别人以为的那样无可奈何，而是和所有人一样，甚至更高程度地，掌握在自己手上。

由于是这样后天的经过思想锻炼过的素材，史铁生的小说早已就显现出一种再造的景观。比如短篇小说《命若琴弦》，故事因循的原则不是现实的逻辑，而是生造出来的。老瞎子的师父给老瞎子留下一张眼睛复明的药方，可是必须弹断一千根琴弦才能去抓药，否则药就无效。这个条件不是来自生活实践，而是根据故事的需要纯虚构的。这故事需要给老瞎子一个行为的目的，且又不能使这目的实现，它就要无尽地延长老瞎子的行为，同时推迟目标的接近，于是便有了这么一个契约：弹断一千根琴弦，才可起用药方。许多民间故事，寓言都是这样，从假想的条件上生发故事，就像古罗马神话"金枝"。特洛伊失陷后，英雄埃涅阿斯根据女神指示，折取一节树枝，于是就有了神力，可去往冥界寻找父亲的灵魂，打探自己未来的命运。这一节树枝的神力其实是被创作者妄加的，好让故事有条件向下走，走到创作者指定的位置上，完成寓意。也因此，史铁生的小说，或多或少都有些寓言的意思。在他的早期，坐轮椅还不久的时候，小说还多是描写具体的生活经验：写街道手工作坊的《午餐半小时》《我们的角落》；写知识青年下放农村生活的《我的遥远的清平湾》《插队的故事》；等等。随着坐轮椅的时间增长，离开自由行动的日子越远，史铁生的小说越变得抽象。思想的涵量增加，故事则渐渐不象形现实，比如《命若琴弦》，比如《毒药》，比如《中篇1或短篇4》，再比如《务虚笔记》。这些与具体人和事疏淡了关系的小说，显现出他逐渐脱离外部的生活，而进入内心。

在《务虚笔记》之前，那些寓言性质的小说，因篇幅多比较短小，寓意也比较有限，所以，虚拟的条件就比较容易贯彻到底，使其自圆其说。可是，面对一部长篇的量，史铁生能否因循着这假想的、再生的逻辑坚持到底？真是一个大问题。这后天的逻辑是根据什么可和不可，推理的条件其实相当脆弱，没有实践来作检验的标准，唯一的武器是思考，思考，思考。似乎怎么样都行，可你确实知道只有一种可行性，就是不知道隐在哪里，错误的迹象又来引你走向歧途。举一个生活中的例子，不晓得能不能说明这种处境，就是黑暗中在旷野走路。手电筒的一柱光使你以为那就是路，于是循它而去，可是等到下弦月起来，天微亮，却看见路在很远的另一边。我们写作的人——即便是我们这些能够以现实生活作准绳的人，也会遇到虚构上的困境。我们最怕的是那种可能性极多的境遇，其实最岌岌可危，因我们知道，不会有事物能够向四面八方发展，任何事物都只可能以一种秩序存在着。纵然是无中生有的，它一旦生出，便也有了自己的生命秩序。这隐在虚无之中的基因图谱，就是史铁生要去寻找出来的。他每一天都在干这个活，没有外力可以帮助，只有思想，孤独的思想。

他终于在一九九五年上半年完成了这大部头长篇小说，大家都为他松下一口气。接下来，轮到我们吃重了，那就是阅读的挑战。在这里呈现的是这样一幅虚拟的图景，与你我他所认识的生活无关，而这通常是阅读所依凭的媒介。我们沿着所共知的生活表面性进入到另度空间——创作者所营造的独立王国。当然，史铁生在这里也使用了某些现实的资料，比如 Z 所遭遇的社会等级差异，

Z 九岁时在小女朋友漂亮的家中玩，听她母亲在身后责备说"她怎么把那些野孩子……那个外面的孩子……带了进来……"从此种下了功利心的种子；比如医生 F 和女导演 N，发生在政治教条主义时代的爱情悲剧，终因两人家庭阶级所属不同，不得不分手；比如叙述者"我"的那个可怕的童年玩伴，他具有着一种惊人的集权才能，就是唤起群众，任意孤立某一个不合作者，对于他的写实性描写，一脱整篇的冥想风格，鲜明突起，流露出私人生活经验的特质；再比如 Z 的叔叔与叛徒女人的情感纠葛，亦是由战争年代的史实背景演绎而来；而最重大也是最主要的现实资料，则是 C，这个截瘫者的爱情与性爱经历，全部长篇其实都是从此出发。所以，这纯虚拟的景观的源头，却依然是来自现实生活。然而，一旦出发，就进入虚拟的状态，上述所有那些现实性资料，在此全呈现出不真实的形貌。这些人都没有姓名，拉丁字母将他们变成了符号。那些社会事件也不以通用的说法命名，而以暗示的方式，也抹杀了具体性。就和最初的，从电脑屏幕上窥伺的印象相同，像梦魇。问题临到阅读的方面，就是我们将根据什么条件解释梦魇，这解释能否自圆其说，走向终点。读这小说，有些像猜谜呢！因是缺乏共有的常识的媒介，我们也必须在虚无中寻找地图，然后走入《务虚笔记》。

　　我想，性爱可说是遥远的彼岸，此岸是残疾人 C。叙述者"我"的任务，也就是整部小说的任务，就是将 C 渡往彼岸。现实已经堵绝了通路，而小说到底也不是童话，它必须遵守现实的可行性制度。C 走向性爱，已规定不能以外部行为的方式，用书中的说法："直接走向性，C 不行。"动作取消了，只能以思辨来进行。用思辨排除障碍，推向前进。也所以，这里的以拉丁字母代表着的人物，无一不承担着思辨的角色，分工负责为 C 渡向彼岸掘进通路。他们一无二致地带了沉思默想的表情，每人都怀揣一个哲学课题，那都是用以证明和反证 C 的命题的。其中，Z 和 O 似乎被交托的责任较重，第二章，"残疾与爱情"的末尾，就将什么是爱情与性的答案，交到了下一章"死亡序幕"，Z 的妻子 O"猝然赴死"的情节里。这个答案贯穿四十万字的整部小说，一直到倒数第二章"猜测"，正面展开了讨论。医生 F，Z 的同母异父兄弟 HJ，导演 N，诗人 L，身影模糊的 WR……大家一起来破这个悬案，就是 O 为什么死。这个答案里就隐藏着 C 渡向彼岸的玄机。ABCD 们，身体力行，以自己的故事参与问题和回答，到这第二十一章时，已是在下结论了。比如，F 和 N，他们的爱情生涯是在隔离中度过，他们甚至不能照面，偶尔的相逢也是从镜子的折射，摄影胶片，或者由男女演员做替身在戏剧中找寻追逐，这些镜中月、水中花的意象，表明他们的爱寄寓在虚无之中。以坚持不懈的长跑来追逐爱人 T 的 HJ，他的观点是，"不爱而被爱和爱而不被爱，我宁愿要后者"。这是个爱神，全身心地去爱，并不在意回报。他所爱的 T，是他定义的福人，即没有爱而被爱。T是 N 与 O 的混合，她在 N 和 O 的爱情命运中进出着，时而分解，时而合而为一，综合着她们幸福的成分，成为施爱的对象。Z 的母亲与父亲的爱情则是泥牛入海无消息的企盼与等待。Z 的叔叔与他的女人却是背离的方式……每一对关系都受着限制，不同内容的限制紧箍着他们，使他们不能任意纵情，而唯一的没有束缚的诗人 L——可不可以说 L 是个泛爱主义者，他爱一切女人，可一旦恋人离开时，他依然感到丧失的痛楚，说明他其实只需要一个人。即便是有无限的可能性，他的摄取也是有限制的，于是就轮到需要来限制可能性了。所有的限制都是隐性的，只有 C 的限制是正面的，是显学，那就是残疾。残疾使他的限制成为常识所能认知，而其他大多数却发生在哲学意义上，因此，C的日常生活就变成了哲学，不是抽象的，而是至关存在，迫切需要解决。

我们有时候会背着史铁生议论，倘若史铁生不残疾，会过着什么样的生活？也许是，"章台柳，昭阳燕"，也许是，"五花马，千金裘"，也许是"左牵黄，右擎苍"……不是说史铁生本性里世俗心重，而是，外部生活总是诱惑多，凭什么，史铁生就必须比其他人更加自律。现在，命运将史铁生限定在了轮椅上，剥夺了他的外部生活，他只得往内心走去，用思想做脚，越行越远。命运就是以疾病、先天、遭际、偶然性和必然性种种手法，选定人担任各种角色，史铁生曾经发过天问：为什么是我？真不知道是为什么，只知道，因为是史铁生，所以是史铁生。仿照《务虚笔记》的方法，约为公式：因为此，所以彼，此和彼的名字都叫"史铁生"。

二〇〇四年二月九日　上海
（史铁生《务虚笔记》，台湾木马文化二〇〇四年三月版）

那个人就是"我"

——苏珊·崔弗斯《北非丽影》中译本序

　　假如没有二次大战,"我",崔弗斯小姐将如何度过她的青春岁月?她渴望冒险的性格,已经让她在传统生活里脱了轨,她还是个意大利寄宿学校女生的时候,就在一个罗马小旅店的经理那里,献出了贞操。这几乎是正常日子里,女性最大的冒险了。然后,她就过上了一种开放的生活:穿最新流行的服饰;抽强烈的土耳其纸烟;在深夜的酒吧喝酒,跳舞;打网球,旅行,还有谈情说爱。崔弗斯小姐说:"如果我是男人,我会被看成一个见多识广、享受美好生活的贵族。"可是不幸她身为女性,所以,事实上,在众人眼里,她只是一个类似尤物的人物。她的石榴裙下,簇拥着热情的异性,表露出浪漫意趣,却没有一个人向她求婚,愿意同她共度此生。似乎是,她要想有一种冒险的生涯,就只能到男性的群落里去寻找，但必须交上正派女人的名誉作入场券，于是，她也再别想获得正当的人生幸福。她本意并非放弃社会的人生，相反，是为要斩获更多的价值。可事与愿违，她被驱入社会的别径，得到的只是浮光掠影，基本的权利没了她份。

她所以有这样不甘平凡的愿望，大约来自她对父亲的崇拜。在海军任职的父亲，生活相当有色彩，他周游世界，每个港口都有他的女朋友，当然那是在婚前。婚后的生活不免是沉闷的，可是，第一次世界大战适时地拯救了他，他再度出发，转战南北。在崔弗斯小姐的家族里，凡是男性成员，几乎都过着浪漫的生活。除父亲外，还有一位曾舅公，是神职人员和旅行家，他收集世界各地的东西，可以见出他的胸襟很广大。她的祖父是十九世纪中期英国驻马赛的领事，长期生活在本土以外的异国他乡。这些因素使得崔弗斯家族一反英国人的保守传统，而是有着一种向外发展的气质。但这只是在父权制的家族意义上，与此同时，女性成员依然过着封闭的生活，男性的自由自在结果是更加深了她们的寂寞。母亲在家中的影响极淡薄，尤其在父亲的辉映之下，声息就更微弱了。看起来，外婆和姨妈希尔达都是独立的人。外婆显见得是有钱的女人，外公是谁？没有提及，寡居的外婆是否因其缺席，所以能够自由地发展个性？虽然充其量不过是在她的维多利亚老宅的范围里。外婆也喜欢收藏，房子里堆垒了许多大箱子，最具有开放性质的收藏品是一辆汽车。姨妈希尔达也很有钱——当然，崔弗斯小姐的母亲同样有钱，不过是作了一份嫁妆，方才钓得金龟婿，希尔达姨妈则将其悉数留给自己，代价是不结婚。可即便是付出代价，亦不过是活动于社交圈内，做一个时髦的人物。

按理说，这种冒险的性格更应该降落在哥哥罗伦斯身上，所以是由崔弗斯小姐担任遗传，除去先天的素质之外，似乎，也出于父亲任性的选择。父亲就像家里的上帝一样，他选谁宠爱是谁，选谁受屈抑也是谁。由于他想要一个女儿，崔弗斯小姐恰巧是一个女儿，所以就将他的好心情全划给了她，母亲和哥哥只能在他的坏脾气里过日子。他给女儿讲述他的海外传奇，战争故事，同时传给她家族的格言："不害怕，不畏缩。"这格言怎么理解也不是什么微言大义，重要的是，父亲成了崔弗斯小姐的偶像，她总是努力着要使他对自己满意。让人为难的是，这个世界并不能提供机会，给她去"不害怕，不畏缩"。她用尽她的勇敢和想象力，亦不过是在情爱的沙场上搏击。然而，如同前边说的，情爱已经迅速地消耗了她的社会资源，也在消耗她的心力，对刺激的敏感度在减退，她只能期望奇迹发生，用她的话说，就是："唯一的方法是找更重要更有胆识的男人，如此我才能有更大的冒险等着去尝试。"我理解，这个"更重要更有胆识的男人"，不仅在于具备超出以往情人的新素质，还在于，会提供给她另一种结局，不再是"以破碎的心结束"。可这个人在哪里呢？生活日复一日，顺流直下，偶尔会溅出一些飞沫，就是像崔弗斯小姐这样出轨的人和事，但转瞬即逝，主流永远不会改变方向。

然而，当战争来临，情形就不同了。战争是一种蛮横无理的力量，它整个儿地颠覆了日常秩序，在对普遍人生降下灾难的同时，也将一些超常的精神拯救出危险。

崔弗斯小姐立刻嗅到了气息，这是出自本能的敏感，敏感到将会有重大的契机向她走来，不可错过。她报名参加红十字会，希望能担任救护车驾驶，但被告之，救护车驾驶也必须接受护士训练，在前线无法分工细致。于是，无论她情不情愿，她都得先做一名护士。等到获取护士资格，她再次申请做一名驾驶，这一次的回答是驾驶已经太多。依然是不情愿地，她作为一名护士跟随法国远征军前往芬兰，参加百沙摩行动。可是冬季战争提前结束，他们滞留在了瑞典斯德哥尔摩。当再次开拔进发芬兰，战事又发生变化——德国入侵丹麦、挪威，继而进攻荷兰、比利时，欧洲重新划分敌我，法国处境复杂，因此，自愿者被遣散回家。生活是走出了常态，奇迹依然不知道藏在哪个犄角里，亦不知道将赠送哪一位。她需要耐心，并且，还需要有主动性，不仅是等待，而是创造，创造和奇迹的邂逅。

事实上，此时她已经忘记了出奇制胜的人生使命，只一味地为战争激动。整个世界都在历险，她那一点小小的寻求刺激的欲望，简直是沧海一粟，再显不出离经叛道的表情。相反，她的气质比一般人都更合乎战争的需要，那就是面对危险不是畏惧，而是格外地兴奋。当她再次出发，跟随戴高乐自由法国的外籍军团，在开拔的火车上，她从车窗里照见自己，穿着简朴的戎装，和往昔那个时髦的女人判若两人。她说："我有一种奇怪的念头，穿着这个样子的新衣服居然觉得很满足，觉得很适合我。"这真是两相情愿，战争将她纳入主流，她呢，适得其所。

他们在利物浦上船，驶向不明目的地。这一次出航从某种意义上说，有些像中国红军的长征。中国红军是往大陆的腹地寻求支持，戴高乐的自由法国则是往法属殖民地，收集聚拢反对维琪投降政府的力量。于是，这支船队辗转来到非洲，一路经历了湿热、鱼雷、纪律管制、小型的战事以及带来的伤亡，还有时局的急骤演变。在她摒除社交圈的浮华，性格呈现本质的同时，冒险生涯也裸露出了实质，那实质简单到就是肉体的折磨，以至于，濒临灭亡。但是，这只是实质的表现部分，作为动力的另一部分，则有着恢宏的内容，那就是法国和世界的正义前途。所以，她说："这是我生命中第一次觉得真正活起来，而且眼光也跟着更远大。"我们应当将此视作崔弗斯小姐为邂逅奇迹正积攒准备，她已接近命运的转机。

这转机就是新来的医务指挥官不会开车，附近也无任何会开车又有驾驶执照的人，当仁不让，崔弗斯小姐做了他的司机。虽然这是一辆老爷车，几乎无法启动马达，指挥官的土著传令兵自有氏族部落里的性别观念，完全不听命她的调派，可不管怎么说，她到底是做成了一名战地驾驶员，得以向她的冒险生涯挺进一步。人生的馈赠其实并不是盲目钦定的，它选择的总归是最合适最胜任的人。在叙利亚南部的车途中，突然遭到袭击，所有人迅速从车上滑下，各自寻找掩体。轰炸停止之后，崔弗斯小姐第一个从车身底下爬出，迎面看见一个几乎与她同时站起的金发男人，站在离她十尺开外，那就是柯尼克上校。此时此刻，我们知道，选择决定了。

　　她曾经说："唯一的方法是找更重要更有胆识的男人，如此我才能有更大的冒险等着去尝试。"如今，她已经获得更大的冒险，是在男人之外的途径，可是，一个"更重要更有胆识的男人"不期而至。这在某方面应了中国人关于机缘的说法："有意栽花花不发，无心插柳柳成荫。"但从实证的观点看，更大含量的机遇总是给予更广阔的胸襟。这时候，她几乎连自己的性别都快忘记了。作为一个女人的趣味只是心血来潮似的，忽然回到她身上，于是她就会去寻找一些完全不派用场的丝质内衣，或者一面镜子。她和军团成员就像兄弟一样相处着，甚至，很奇怪地，她与军团指挥官阿密拉克维力的恋情更像是一对同性的友谊，而不是发生于异性之间。阿密拉克维力曾经宣布，要赠予崔弗斯小姐一个别号，就是"小姐"，他的话很有意思——"毕竟她是我们之中唯一的女性"，就像他方才认识到这一事实似的。这就是她此后一辈子认作荣誉认作自己的家园的军团。在战后重新审核中，她在申请表格上模糊了性别，突破戴高乐的戒律，成为唯一的女性军团成员——"后勤补给准尉"。

和军团的弟兄们一起，享着粗犷的生活和友情，是可获得平等尊严，代价是克服女性的特殊需要，而一旦回到女性的角色，遭遇总是不愉快的。在哈肯井的艰苦日子里，她一直梦想着好好吃一顿，等劫后余生，憩于埃及亚力山大城，她走进全城最好的法国餐厅，却被安排在厨房边上的桌子上，理由只是，她是女性，餐厅里统是男性军官，军阶又都比她高。

可是，有了柯尼克上校，情形改观了。作为自由法国上层人物的驾驶员，她可以进入战争和政治的核心，随了柯尼克上校升为将军，她也越进越深，抵达历史的前沿。于是，她的冒险便上升到更高境界。同时，柯尼克上校是那样一种男性，他似乎也在长时间积攒着对崔弗斯小姐这类女性的赏识。他没有被战争的异常环境模糊眼睛，而是相反，他比在沙龙里更能识别女性的特质。他称呼崔弗斯"小姐"，在她生病住院时，送去鲜花和巧克力，请她共进晚餐。最可贵的是，他并不因为认识她的性别而损失尊敬，有一次，他竟然庄严地向她行了一个军礼。终于，他向她求爱。在崔弗斯小姐呢，似乎出自一种真正的心心相印，她没有像以往接受军团成员，比如阿密拉克维力那么兄弟情谊式的爽快、简洁，突然变得谨慎。是不是不自觉中，她意识到这将是一场名副其实的男女情爱？她说："我如果与一位男人睡在床上，我希望彼此都是认真的。"一个女性对爱情的需要，此时又回来了，不是以冒险的面目，而是普遍的正常的要求。在更为壮阔的冒险生涯之下，昔日渴望的奇迹，恢复了它的平凡的真相。崔弗斯小姐现实地考虑到上校是有妻室的人，还考虑到在此种特定背景下的感情有几分真实性。当然，最终她没有抵抗住上校的魅力，而上校也没有辜负她的妥协，他对她倾心倾意。更重要的是，这一段关系以超常的激情弥补了它无法给予美满结局的缺憾。

由于是和他，这个"更重要更有胆识的男人"，柯尼克上校，后来的将军，他们的爱情便展开于历史的前锋地带，以一种奇异的方式。她是他的司机，驾他参与自由法国和维琪政府的谈判，签订停战协议，穿行叙利亚、巴勒斯坦、黎巴嫩……夜里，他们同床共枕，亲密无间。在战事偶然的平静间隙里，他们甚至获有一小段家庭式的生活——在贝鲁特，他们居住在一所山脚下的小房子，她就像一个真正的主妇那样操持家务，管理厨房，修整花园，还有夜间的如胶似漆。当然，她必须居住在司机的小房间里，正式的晚宴上，她也分桌另餐。这秘密的偷欢，因是在战争的非常环境，于是有了一种死生契阔的严肃意味。但这还只是巨大激情的序曲。

经过一些战斗与间歇的日子，也经过一些离和聚的波折，他们终于来到哈肯井。哈肯井——这一块不毛之地，处于大利比亚沙海之中，曾是意大利部队的要塞，后被放弃，"沙漠之狐"隆美尔在一段时间的静止之后，忽然调身，面对沙漠，于是英国匆忙调集队伍，命令自由法国的重型武装部队占据哈肯井，哈肯井重又成为阵地。哈肯井处境险恶：南方是严酷的撒哈拉大沙漠；北方和东方是英国第八军，于是布下了五十万个反坦克地雷；西方一百公里处则是隆美尔。她和柯尼克将军各在不同的掩体，难得见面，偶尔见面也是执行军事任务，她依然是他的司机。静守三个月之后，进攻来临了。哈肯井的顽强抵抗惹恼了隆美尔，他亲自率军前来，屡次受阻，下了最后通牒，却被将军拒绝。战事越来越严重，进攻，轰炸，炎热，缺水，德国军队与意大利军队眼看着合围，将哈肯井包裹起来。这一夜，将军来到崔弗斯小姐的掩体，告诉她明天将要突围，让她作好准备。当她进一步问道："我们要去哪里？"将军回答："去约会。"

这可说是全书的高潮，他们的爱情，在此达到最激越的沸点，崔弗斯小姐一直期待并准备的历险，亦抵达目标。事实上，这已经将爱情推出享乐主义的窠臼，进入生死存亡绝地，似乎是脱离了爱情的本义，又像是贴近爱情的原旨——就像《呼啸山庄》里描述的，爱情总是选择那最有生命原动力的人格实施它的对抗。"约会"这个字眼，来自将军最喜欢的一首诗，每一个自然段都以"我与死神有约"开头，现在，"约会"的时刻到了。还是她，崔弗斯小姐，开着他的座驾，从地雷阵，狙击的火炮中开出一条血路。真是天保佑，他们居然杀出来了，死亡的约会又回复或者说进行到了爱情的约会。有了哈肯井的经历，还有什么能再激动人心呢？即便再有，他们又是否具备同样的勇气和热情承接？许多事情都只能经历一次。

崔弗斯小姐和将军的关系，还拖延了一段。倘若是虚构的小说，那多少是狗尾续貂。可这是纪实，现实中，人必须忠诚地跟随事态走到底，无论结尾如何扫兴。接下来的情节确实无味，将军的妻子病危之际，他们甚至开始谈婚论嫁，就像一对日常生活的男女。可是将军的妻子又神奇地痊愈，于是，他们终落入无果，分道扬镳。

书的结尾，年迈的崔弗斯准尉由老朋友陪同，去看一个军事展览。她坐在轮椅上，被推入展厅，眼睛扫过一张张泛黄的地图、照片，最后落在一张将军的照片上。将军从福特车的天窗站起来，隐约可见驾驶座上有个人，面目不太清楚——"不过，我知道那个人就是我"。当生活回复正常，她的身影就又退入模糊。

二〇〇五年十一月十二日　香港
二〇〇五年十一月二十日　上海

香港人

——马家辉《目迷·耽美·卷二——爱恋无声》序

　　书中有一节"在情人节的夜里读《断背山》"，引张爱玲的话："像我们这样生长在都市文化中的人，总是先看见海的图画，后看见海；先读到爱情小说，后知道爱；我们对于生活的体验往往是第二轮的……"我想，马家辉的这本书，很像是用来诠释这段话的。

　　这里大半文章是写电影。电影这东西，和人生何其相似，因它是象形的艺术，象形到了物质化的地步，如"王家卫的暗号"这一节，马家辉强调出的那些暗号：《爱神》里的手和臀；《2046》里的笔尖——"几乎看得见墨水滴下"；《花样年华》里如潮如涌的旗袍……"暗号"两个字也用得很对，指出其中确有机密。所有隐藏着的情欲，困顿，虚无，起用的就是这些物质性的密码。马家辉在此表现出特别的解码的能力：电影《长恨歌》里，滚水注入杯中，茶叶漫飞翻腾，顿时，泛起故事的氤氲；就便是鬼戏《犀照》，魅，亦是物化作一支犀烛，唤来的是人间晴暖；最高级的是蔡明亮《爱情万岁》，结尾处女主角在一动不动的镜头中哭了十分钟，这已经象形到了连时间都是一致的，直接使用自然时间的积量形式，可说是大隐无形，马家辉也解得出来——"就这样拍出那股天愁地惨"。我以为他解得最有质量的是韩剧《雏菊》，从文中方才知道，导演是香港人刘伟强，他写电影中的杀戮场面——"香港导演向来擅长处理高低对射的驳火场面，我常怀疑这是否跟香港人的城市经验不无密切关系。"这就解出了暗号中的机关，这机关不只是巧妙，而是有一些人世的沧桑。

香港这地方，楼宇依山矗立，重重叠叠。想象久远时，未填海平地，今日电车道，均海水回绕，楼房就像礁石兀立，人就是居在石的峰和壁上，真有一股险意。待到华灯齐放，便是层层障障的光明，天上海里，美得心惊。这大约就是张爱玲"华丽却悲哀"的出处吧！这里的嵌在水泥蜂巢里的人生，你说是"如蚁"也可以，但就是这些"如蚁"的力，一点一点积起来，到了一定的量，便以几何级数增长，长，长，再到一定的量，产生质变，终至沧海桑田，实是雄壮的。这雄壮必是宏观地看，析辨到个体，则多是屈抑的，甚至是严苛的现实。所以，我只是这么猜想，香港与电影特别投契，电影可从香港攫取最物质的"暗号"作艺术的外相，哪个城市像香港，壅塞着如此多华丽和悲哀的细节，几乎是垒起来的；香港呢，则从电影中演化自己的人生，使之变成艺术。

马家辉对电影《长恨歌》的极大遗憾是没有"鸽子"出场，鸽子的缺席使得其间的人生少去了临高的"看"的眼；"王家卫的暗号"里，他再再提示隐匿的意象，那大约是因香港的人生其实是裸露的硬扎的人生；那原先步步规限的纪律，有着许多的不可能，到了《花样年华》，由梁朝伟说出"原来系会嘅"；香港的人生只来及前瞻，便在《犀照》里后顾；人是屈着手脚努劲，《艺伎回忆录》中小百合在庙宇的高粱之下奔跑，脸上表情的"激昂亢奋"，何其痛快淋漓……在"爱情的色素"篇章中，马家辉提到英国人 John Bayley 写其妻，哲学家、作家 Iris Murdoch，说"她对居住的地方缺少了一种认同感，她的小说——她经年累月不停地创造的世界——才是她真正的居所"，这有些像香港和电影的关系。香港似乎也是在为自己创造一个心理的居所，而且，我们不得不注意到，马家辉谈这一对夫妇，亦是从一部电影出发的，就是改编自 Bayley 回忆录的《爱丽丝的情书》。"一九五九"一节中，马家辉谈《戏梦巴黎》，有这样的一句，"他们在电影里辨认生活，也在生活里实践电影"，说的是《戏梦巴黎》的三个年轻人，其实也像一句自述。书中的自序"永恒的黑暗——我的戏院简史"，几乎是可当作他的传记来读的，我们看着他如何从东城的电影院出发——奇妙的是，东城戏院前身竟是殡仪馆，灵异传说中的鬼魅就像是他的先祖，他呢，便有了来历；从东城出发，然后沿兰杜街丽都戏院——这家戏院却是人间烟火，似可意味他进入世事；再往西去"东方""京都""国泰"；接着越出了湾仔，往碧丽宫；最后离开港岛，异地求学，渐渐淡出电影院。这一幅地图还标记着：卡通里的米老鼠，宾尼兔，金银岛；再是风花雪月的《三笑姻缘》《一帘幽梦》；然后壮士史诗《英烈千秋》……一个香港男孩就这么成熟他的腿脚和心智，进入明辨是非的年代。我想，马家辉起先真就应了张爱玲的那句话，他对于生活的体验是"第二轮"的。张爱玲的意思大概不是说都市人缺少生活，而是指都市里的物象太多太满太拥挤，它们难免会遮蔽生活的本相，而这种遮蔽有时候是受欢迎的，实打实的生活在物象里淘一淘，就像泥胚上了釉，粗砺的外层变得光滑，甚至有一些鲜丽。马家辉写张爱玲与胡兰成，本来再是异秉，到了男女之情里面，也都没什么区别，可是文字将一切都异化了，化成了艺术，多少委屈和受伤，"低到尘埃里"，但是，"从尘埃里开出花来"。还有，"小酒馆"一节，说纽约一间日式小酒馆，收费甚是高昂，不只是因为日本艺伎，上等鱼生、清酒，还有一流服务，重要的是，酒馆女老板的传奇身世——客人们既可有传奇享用，又身处安全，人家的阅难在陌路的人，是美丽的闲话。这些也是从电影淡出，电影是《艺伎回忆录》。马家辉的人生心得，大都可在电影、小说的文本中找到出处。

这本书中编进一篇小说，是唯一的虚构文体，名《悲哀城》，以书信体为结构，说一个从事报业的先生，在香港回归前夕，深感大时代中小人物的无足轻重。我觉得马家辉，或者小说中的"我"意欲习张爱玲的《倾城之恋》，写在大局变迁、人生茫然之际，苟且地弥合夫妻关系的裂隙。可是《悲哀城》里的男女皆比范柳原和白流苏坚决和独立，于是"倾城"而不"恋"，和张爱玲分道扬镳。从中是可透露马家辉的一些变数，他似乎要挣脱摹本，进入第一轮的生活。不过，这挣脱因是在虚构中，于是还是第二轮的，原本的第二轮则推到了第三轮。而且，有趣的是，小说中的"我"，大部的心理感受都是出自文本，比如弗洛伊德，比如活地阿伦，比如，海明威，还有张爱玲那"华丽与悲哀"的名句。他，文中的"我"似乎缺乏一种命名的能力，只能使用现成的代码。但是，这里确有着些第一轮的迹象呢！那种暂时还无摹本可参照，所以生辣辣的气味。比如回归迫近，卡拉 OK 里流行唱国语歌；离港移民；股市上涨六百点；还有，读到《中国时报》上一名殉情女子，想起自己原在那里住过，

不知是哪位独居的女职员……这多少有一些第一轮的质感了，来自亲历和经验，也所以一时上，没有命名，"我"，只有任它们漫流着，这漫流的部分，其实就是小说的本义。

马家辉看电影看多了，就也练就了一些洞穿的本领，就是将电影还原成现实。我喜欢第二辑中"酒吧里的笃定

身影"，写的是梅艳芳。他说媒体形容梅艳芳用"传奇"二字，实是将她的生平浅释了。他说到香港六十年代，现代社会的草创时期，孩子们少不得在课余时间帮忙生计，而梅艳芳是在乐园内卖唱，是凄楚的童年，幸运成功，打下自己的一爿天下。他这么写道："所谓香港的繁荣其实就是他们的繁荣总和，所谓香港的成就便是他们的成就集合，《香港殖民社会发展史》下半部里的每粒字都是由他们用眼泪和汗水混成墨汁印写而成"……这可说是全书的高潮，华彩篇章。小酒馆的传奇返璞归真。香港，褪去华丽，亦褪去悲哀，显露出生存大义的壮美。马家辉对他追崇的张爱玲的诠释，终出了新解。

二〇〇六年六月二十四日　上海

寿岳家

——寿岳章子《千年繁华》序

寿岳章子的书《千年繁华》，是为他们京都的寿岳家画了像。要说，并称不上京都的世家，至少不是正传。文中说，父亲是被姐姐的婆家，"兵库县美囊郡上淡河村的石峰寺竹林院"收为养子，想来"寿岳"应是姐姐婆家的姓。日本的家庭氏族的规矩在我们看来也许有些奇怪，这"养子"不是婆婆的，而是姐姐的，于是，就降了一辈。养子的地位终究是卑微的，但是，失去怙恃的孩子却也因此有了依附。从后来的记叙看，父亲亲生的父母也还是在的，母亲，寿岳章子的奶奶曾教她跳舞，寥寥数笔，写出了老人的风趣，却也似乎生活在正统的社会以外。这是父亲家的情况，母亲的娘家在大阪，所以也不是京都人。后来，两个年轻的男女结合了，在京都有了自己的小家。说起来，应当算是古都的新市民吧！真正属于他们的寿岳家，其实是从父母亲这一代开始的。

　　寿岳家果然充满着新兴的气象。这一个人口简单的家庭，因为勃勃的兴致而显得十分兴隆。无论是大扫除，做山药泥，上集市买便宜货，都是全家总动员，齐打伙地上阵。当她写到，连地板都一块一块拆了，洗刷净竖起来晒太阳，这样彻底的清洁，简直能嗅得到木质的蓬松的香味。后来，他们做客一位企业家的宅邸，踩在那宽阔的榻榻米上，感觉到脚底的扎实牢靠，方才知道自家榻榻米的简陋单薄。可是不要紧，自家的榻榻米可是干净！就像幼年时的街坊，寺庙里隐居的长老——应当是"小隐隐于野，中隐隐于市，大隐隐于朝"的"中隐"吧——长老夸奖她"这木屐真漂亮"的那一双，不是新买的，而是穿旧了，换了木屐的底齿，洗得干干净净的这一双！这大约就是古都的风范，质朴。你看作者津津乐道的菜肴，都是些什么食材制作的？豆腐渣，山药泥，酒糟，萝卜泥，所谓高汤亦不过是昆布（海带）和柴鱼熬成。但是，在寿岳家的好食欲，它们无疑就是美味，而且特别有富足感。有时候，他们家要阔绰一下，不过就是去名叫"华月"的寿司店吃寿司，或者"金屿"吃鳗鱼饭。那"金屿"里的

"金丝盖饭"，白米饭上铺满鳗鱼段，再覆上蓬松柔软的煎蛋，煎蛋的边从碗盖底下冒出来，真是丰饶啊！比起清洁房屋和吃，穿是相对受忽略的。作者坦言，大约对于"住"和"食"两项，"衣"多少是有些和奢华沾了边，寿岳家的风气是实用的。但这当然不是说寿岳家的人就穿得不体面，那只是指比较经济。他们总是在减价大拍卖的季节，或者百货公司清仓的时候去购买衣物，因此，那就也是轰轰烈烈的气象。那"财神祭"的日子，就是好东西大量出清的时节，被写得令人兴奋："从黄昏开始，火红的灯光便开始吸引人们的心，客人一波一波地涌进。"春天的时候，将穿过的和服重新拆成布匹，洗，浆，绷平，那工程相当浩大，大约是像洗毛线似的，一框一框晒在树枝上，看过去，一定很壮丽。然后再送去染坊染成别样的花色，旧衣服变成新衣服。所以，虽然经济，可决不马虎。用作者的话，就是"勤奋，认真地过生活"。排于住、衣、食之后的第四部分，题为"我家的精神生活"，这是现实生计里的一点闲心，与温饱无关，但在古都，却也是有着一定的物质性。为书道购买笔墨纸砚；旧书店的书籍，这些有年头的旧书店，许多常客后来成了名人，于是，他们的来函亦成了文史资料；陶偶的同好会——

陶艺家河井宽次郎的家，看起来，就像年节时的长辈家，亲朋好友都来了，多年后，作者这样写道："那些曾围坐在河井家地炉旁的都是些什么人呢？答案是，一大群不分国籍，男女，老幼的人。"谈着陶艺，小孩子也挤在人丛里玩手拉坯。对于一种精神生活来说，似乎是过于喧哗了，可京都的精神生活大约就是这样，扎堆，热闹，人气旺，很合乎寿岳家的性格，或者反过来，是寿岳家濡染了京都的性格。总之是，喜欢与人交道，而且没有成见，只要是有趣的人，他们都抱着热忱的态度。也因此，无论是食衣住，以及精神生活，都是发生在和人的交道中，这些人呢，都有家世渊源来历。

卖大扫除工具的内藤家，汤豆腐店"奥丹"，开榻榻米行的"叠三"，汉方药店"千坂屋"，经营文具的"鸠居堂"……直到陶艺家河井氏，就是他们，勤奋认真地生活，积攒起一代一代的居住京都的时间，同时呢，伸延着古都的历史。旧书店"竹苞楼"，问老板是第几代店主，店主平淡地回答："第七代了。"屈指一数，是创业于江户时代，这就是古都的时间概念。寿岳家虽然起步晚，但是不正在一步一步趋向久远？现在——就是作者寿岳章子写作的时候，寿岳家的第一代，父亲和母亲渐渐退出家庭生活。母亲病已垂危，父亲老迈了，再不能像年轻时气壮山河地大扫除，母亲的自创菜肴"山药泥"传到了女儿手里，伴随着往昔的快乐，让人不禁泪流满面，寿岳家走上了衰微。母亲去世，寿岳家终于有了故人，从此，作者年幼时戏耍的家前屋后，那些绿树环抱的墓地里，也有了寿岳家的坟冢。许多景物在寿岳章子的眼睛里变化了，比如河井宽次郎的宅邸，成了纪念馆；高级建筑物临街而起；度过了童年时代的南禅寺附近的街区形成了宾馆集中的红灯区；寿岳家自己呢，电视机大了，于是龛里边插花的瓶不得不换了式样……目睹变迁的心情难免是苍凉的，生活染上了戚容，然而，这不就是古都的表情吗？表明寿岳家正渐渐融入京都的历史。

二〇〇七年三月四日　北京

我的阿姨们

——《七人集》序

《七人集》里的七位作家，我是要称阿姨的，她们与我母亲同辈，又在不同阶段同事，有的直长达大半生。在我自小到大的记忆中，她们不同深浅地留下印象，是相当亲切的。

幼小的时候，由于贪吃，经常犯积食的毛病，很令大人头痛。有一日，母亲从欧阳翠阿姨处取来一味偏方，将一种不知如何调配而成的药剂，敷在肚子上，用纱布缠起来，一夜过去，早晨醒来，硬鼓鼓的肚子真的软和了。在三四岁的年龄，照理是记不了事的，可我偏偏就记得，大约是这偏方实在太神奇了，对小孩子来说，几乎是仙术一般。当我读这本书稿之前，我并不很了解欧阳翠阿姨，原来她经历过相当不平凡的人和事，那都是和中国新文学史上振聋发聩的章节有关。而我向来以为这只是一位富有育儿知识的阿姨，不只是持有各种偏方，更记得有一回，母亲怀我弟弟的时候，她到我家来，对我母亲说，她很喜欢听婴儿的哭声。至今还记得母亲与她相视的表情，带了惊喜，仿佛忽然间领受了一件馈赠——婴儿的哭声。这件馈赠大约只与母亲有关系，对其他人来说，婴儿的啼泣往往要嫌吵闹的。两个母亲就这么微笑地相对着，感受唯她们独有的喜悦。

罗洪先生给予的印象，永远和一件东西联系在一起，就是冰。那时候，一般市民家中多没有冰箱，尤其是像我们这样，五十年代从军队南下进城的新市民家庭，连桌椅板凳都还是从公家租赁，上面钉着编号的铜牌，更谈不上冰箱了。夏天到冷饮店买了棒冰雪糕，返回途中便匆忙吞食，不及到家坐定后专心消受，实是一大憾事。一个暑日的傍晚，一架三轮车停在我家后门，走下罗洪先生，穿一件蓝布旗袍，夹一卷毛巾毯，径直走入我家房间，将毛巾毯在桌上摊开，里面裹着一匣冰块。她常听母亲说起两个贪嘴的女儿，吃冷饮无可餍足，于是，便给我们送冰来了。冰块"哗啷啷"倾在大海碗里，罗洪先生坐都不坐，卷起毛巾毯就走，三轮车还停在后门，好让我们及早享用冰，在这大暑天里，冰很快就会融化。可是，这冰并不像通常以为的那么迅速融化，而是相当坚硬。我和姐姐忙活了一晚上：用冰块拌西瓜，镇绿豆汤、橘子汁，或者纯吃冰块。这才知道，平日里冷饮店里出售的棒冰是机制冰，经过加工，横剖面可见丝丝纹理，原生冰块就是这样密实的一块。在我眼里，这些阿姨们都是与母亲同样的年纪，事实上，如罗洪先生，可算是母亲的前辈，直接从"五四"走来。然而，坐在她跟前，你又忘了这一茬。就和所有的有福气的奶奶一样，家里有一个曾孙辈的孩子穿行着。她呢，也和所有的老奶奶一样，不出自家门，便知天下事，与你通报着邻家失窃的事端。但她到底不是一般的奶奶，而是一个知识者，得科学与启蒙正传，对人生抱清醒乐观的态度。近年来，她开始着手处理身后事务，一个知识分子，要说有什么遗赠，无非是书籍，却是伴她一生的挚友，我竟也获得一份，一套中华书局的《李太白全集》。书中夹一信，字迹端正娟秀，嘱我"读一首二首诗"，如何清逸远致，就又流露出旧学的背景，是新学的发轫之渊源。

在一九五九年的《上海文学》上，欧阳文彬先生就对我母亲的小说写作了评介文章：《试论茹志鹃的艺术风格》。我从母亲的遗物中，看见一份发黄的校样，"《阿舒》和阿舒的《第二步》——和茹志鹃的对话"，校样上有文彬先生写给我母亲的几行字，内容关于这份对话。对话发表在翌日，一九六二年三月七日《新民晚报》，署名为"黄碧"，想来是欧阳文彬先生的笔名。那时候，母亲和文彬先生，一个作者，一个评者，正当风华年代，前途远大，却戛然止于一九六六年。在那黯然的日子里，母亲对文字这样东西感到了茫然不解，她卖掉了家中的书籍，懊恼自己走入写作的行业，倘若她掌有更为实用的技艺，比如缝纫——有一阵子，她迷上了缝纫，忙着将旧衣服拆开，重新剪裁，然后埋头在缝纫机上，"嚓嚓嚓"地踩着踏板，看着机针走下一行行线路，人生的虚无感便抵消了一些似的。那一年，我去安徽淮北插队落户，离家远行，劳作的辛苦，收成的薄瘠，景色与心情都是荒凉的，十七岁生日在苦闷中来临。母亲就想，送一件什么样的礼物，可以鼓舞我呢？思来想去，她还是想到了书。母亲决定送我一本高尔基的小说，人生三部曲中的第二部《在人间》，它含有着告别"童年"，走进人生的意味。一九七一年，书店一片萧条，哪里能搞到一本《在人间》呢？母亲想到的是欧阳文彬先生的书橱。文彬先生没有《在人间》，但是她向母亲敞开书橱，尽母亲挑选，答应给她任何一本书送给女儿我。最后，母亲选中了苏联女作家薇拉·凯特玲斯卡亚的长篇小说《勇敢》，写的是苏维埃政府召集青年去往远东建设共青城的故事，无论是题材还是精神都与我的处境有对应之处，区别在于一个是理想，一个是现实，就只这一点，差之分毫，失之千里。而我却想象母亲翻检欧阳文彬先生书橱的情景，经过困惑怀疑的日子，又一次与文字、书籍亲近，会是什么样的心情呢？要说，这也是母亲和欧阳文彬先生交往的所在，在她们双方，都有着安身立命的意思。

紧接着，黄宗英阿姨就要出现于我的生活了。就是在同一年里，我从插队的村庄回家度农闲假，一住下就不思返乡。那时节，满街的男女孩子，至少有一半是从插队地方回城，赖着不走的，晒黑的皮肤转白了，熬干的油水补充了，甚至比安居乐业的人们更要丰肥一些，因为无所事事，脸上均挂着落寞的表情，这边溜溜，那边逛逛。夏天的黄昏很漫长，晚饭以后有一段了，天色还明亮着，母亲带我走出家门，去赴一个约，是黄宗英阿姨为我介绍了一位音乐老师。当我们从弄口向西走了半条街，便看见对面的黄宗英。在细致薄透的光里，她颀长的身形陡地跃入眼帘，周围的景色变得模糊，唯有她是鲜明活泼的。小时候，我们最热衷在电影院前厅里，欣赏影星的照片，那些照片是在照相馆刻意布置的灯光下拍摄，面容华美，统是璧人。此时，灿烂的明星落在尘间，我并不以为逊色，相反，洗尽铅华，显得格外清新。现在回想，那正是《但愿长睡不愿醒》一文中写到的那个时期。在作家协会奉贤五七干校劳动，是这一家的惨淡日子，可她一点不见落拓，神色悦然。这一代人有一种气质，我真说不上来叫什么。达观？不全是。通透，也不是。纯真，有点接近了，可还不够。比较贴切的，或者是热情吧。这一种热情，历经世事折磨却不见损耗，应当如何解释呢？"四人帮"倒台以后，大约是一九七七年光景，母亲嘱我去黄宗英阿姨家，是为送去一些女孩子的照片，请赵丹推荐拍电影。这时节，百废待兴，许多希望生起来了。去的时候，黄宗英阿姨不在家，是阿佐引我进门，赵丹午觉已醒，还懒在被窝里，双手抱拳作揖说：对不起，对不起！伸出手接过照片，回进去继续作揖，继续"对不起"。我与阿佐直笑，他也笑，我觉得他就像孩子，一个大孩子。后来，又有许多日子过去，作协资料室老魏请吃饭，老魏——魏绍昌先生，在黄屏阿姨的文章中也提到过，心中不知藏了多少典故，就像一本活索引。老魏经常组织饭局，以各种名义，有时候依属相定，有时候是姓氏名字，比如姓"王"和名"绍昌"者。我曾被老魏编进过多种组合的饭局，因而得以邂逅许多人物。老魏去世后，再没有这样充满了奇思的聚会了。这一回是姓王的女作家，上海话里，"王"与"黄"不分，更重要的是，为黄宗英贺新婚。席上，黄宗英阿姨说：其实我与冯亦代是不必办理任何结婚手续的，因为我，赵丹，冯亦代，安娜，四个人从来是在一起的。这话也是孩子气的，浪漫的孩子气，不由让人愕然。他们是永远的男孩和女孩，不是说长不大，而是始终持自然的天籁，这天籁足够超越人世的污浊。

在这些阿姨中，彭新琪是与我们家最亲近的一个，当我看了《七人集》方才知道，她只比我母亲年轻三四岁，令我十分惊讶。在我们姐弟眼睛里，她是一个年轻的阿姨，温柔迷人，所以，直到如今，都称她作"小彭阿姨"。

《闪烁的记忆》一文中，所记叙的一九五九年作家协会的辞旧迎新联欢会上，"贵妃醉酒"那一出，我也记得。就像鲁迅《社戏》里写的，一听开唱便厌烦，可小彭阿姨的那套行头，却把我们镇住了，还有她下腰饮酒的动作，不由得艳羡小彭阿姨的腰好软啊！闲来无事，母亲与我们议论一些身边的人事，谈到小彭阿姨，母亲用了两个字：善良。"文革"中，我和姐姐插队落户，家中经济甚为窘迫，实在不得已要动用些许存款，须作协的造反派领导签名盖章，银行方才认可。这类事大人总是遣我们小孩子去，即便碰钉子问题也不大似的，在此我又要提到一个人，也就是欧阳文彬先生写到的戴厚英，她从没有让我难堪过。有一次，因是在院子里，需走去办公室取图章，一路上，她的手一直搭在我肩上，令我感到温暖。就是这样周折取来的钱，却在拥挤的公共汽车上被窃走，这才叫作"屋漏偏逢连天雨"。其时，小彭阿姨便是母亲告贷的人家之一。常听母亲诉说我们姐妹在乡下的苦状，小彭阿姨心中十分不忍，有一次，不知从哪里，换得五斤全国粮票送给母亲。当时，粮油实行配给制，地方粮票换全国粮票不仅需要特许证明，还要搭进油票，油的定量是每人每月半斤，仅供城镇人口。这五斤全国粮票得来不易，却于事无补，母亲笑小彭阿姨天真，心中则十分感动。长年来，小彭阿姨一直与我们家密切往来，我们家无论大小巨细，荣辱沉浮，她都了解。现在，每年春节临近，她就召我们一些缺爹少妈的孤儿们集合，吃一顿年饭。

黄屏是我较为陌生的一位阿姨，原因可能是与母亲共事时间不长，但是从文章中看，恰是在"文革"结束，方兴未艾的日子里，与母亲同在《上海文学》编辑部致力于复刊，让我了解了母亲这一阶段的工作。在萧瑟的十年之后，终于迎来生机勃发的季节，万物复苏，多么让人兴奋啊！文章所写到的人物，于我都是敬仰的前辈，有一些还引我走出困境，比如，洪泽伯伯，是他帮助将我从徐州调入上海，并且进《儿童时代》杂志社工作。元化伯伯，他晚年居住的庆余宾馆，以及度过最后时刻的瑞金医院八楼，常是我辈聚会的地点，他毫不嫌我们轻薄浮躁，平等相谈；还有文中所写元化伯伯的"三姐"，亦有数面之缘。施蛰存先生，我与他做过多年街坊，他家就在我经常光顾的邮局楼上，于是就会路遇先生的徒子徒孙，我却从未见过他，于我来说，是文学史上的人物……他们所经历的动荡人世中的遭际，原本只是抽象的概念，如今在黄屏笔下，有了具体的细节，其间的悲凉扑面而来，变成可感的了。

姚芳藻老师所记载的人与事，延伸进更早远的时间，亦更为严酷，大约是由新闻记者职业决定的。如她父亲说"新闻记者要杀头的"，这是世事洞察的明鉴，又像谶语一般，虽然不至真的"杀头"，可不也是尝尽艰辛。文中所写，尤其《失踪在莫斯科》，那一位陨落于国际共运冤案中的朱穰丞烈士，读来就像是传奇，却是腥风血雨的传奇。在母亲家中，我常遇见姚芳藻这位座上客，母亲总是要郑重地介绍，有几次提起，像是要话说从头，可看我兴致淡然，又欲语还休。人就是这样，对身边的生活激不起太多的好奇，因为太过日常，不相信会有意外之笔，岂不知，历史就是这样发生和进行着。不久前还遇见，是在我居住的街道上，姚芳藻老师带着孙儿在花园里玩耍，谁能知道呢？这位含饴弄孙的老太太，曾经有过风云激荡的政治生涯。这一幕挺让人安慰呢！有一种劫后余生的温馨气息。生在命运多舛的二十世纪中国，一个知识分子不可能免受蹂躏，尤其是女性，不仅要担负起自己的遭际，还要饶上丈夫的一份，再扛起重闸，护佑弱小的儿女。终于风雨晴定，云霁开处，是漫天的霞光。

从小跟母亲出入巨鹿路六百七十五号作家协会院子，这些阿姨们可说看我长大。记得有一个暑日，母亲将我安置在大楼廊前的荫地里，供给我一堆图画书，嘱我不许乱动，然后就兀自进楼办事。母亲去了很久，日头渐移，荫地就成了太阳地，有阿姨走过，让我移到荫地里。因有事前母亲的告诫，我不肯移动一寸，对前来劝说的阿姨们，都抱警觉的态度，等母亲闻讯跑出楼来，我差不多要被太阳烤化了。后来，长大了一些，学会了顽劣，便和小伙伴们在院里践踏花草，然后在花师傅愤怒的追赶下四散奔跑。许多时间过去，我已成为作协的会员，有一次在传达室领取邮件，一位阿姨忽从光线暗淡的屋角里，拽出一个老人，说：看啊，一直想看茹志鹃的囡，这就是啊！是花师傅，他从来都是这样，瘦小、缄默，穿一件干净的中式对襟布衫，手提一柄偌大的花剪，此时，他神情腼腆，我也极不好意思。就是这样，无论我长成什么样，花师傅、阿姨们都知道我是从哪里走来。我的幼小、愚顽、淘气、霉运、不顺遂，那些不堪的岁月，

他们都是见证。而我则是要付出心智和虔敬去了解她们，
她们经过的时代，我不可望其项背。这就是我和阿姨们的
关系。

二〇〇八年十一月十四日　上海

东边日出西边雨

——于东田小说集《文字与影像的碎片》序

　　原先，近兴国路口的淮海中路上有一间书店，名字叫"一介书屋"，仅止一个门面，店堂很浅，要比街面低下一格台阶，看起来，像是由昔日的汽车间改造出来。窄小的店门旁边，辟出一角橱窗，陈列两行新书。这样的书店，又是在淮海中路的梢上，过了繁华的闹市，渐入宁静的住宅区，循惯例是很难吸引客流，所以光顾它的大多是回头客，这些回头客又大多成了老板的朋友。

　　老板的名字叫段晓楣，我也是在店里认识的她。段晓楣时常推荐书，有时是用文字写在一块黑板上，有时则是口头传播。卡尔维诺的《未来千年文学备忘录》就是她推荐给我的。倘若久买一本书而不得，告诉她，她会专帮你进货。"一介"的书，都是文史哲方面，显然经过严格的挑选，看得出店主的口味。因此，这书店就好像不是交易，而是为了收藏。这样的买卖也是做不长的。

有一回，段晓楣向我推荐的是一本非卖品，一本自制的小册子，题目为《狗不是狼》，总共有三篇小说，作者名叫于田儿，是戏剧学院的学生。上海戏剧学院离"一介"很近，那里的老师学生可说是回头客中的主力军，下了课没事，一伸腿就跑过来。"一介"的营业时间很随意，大约午前或午后开门，关门打烊就要视情形而定，来人不走，就一直开着。而这时间的人都有些人来疯，看见人多就赖着不走，巴掌大块地盘，坐都坐不下来，这么挤着站着，说话聊天，许多陌生人就成了熟人。

于田儿的三篇小说写的是山东老区革命战争年代的故事，这题材就很令人意外，在她的年纪、经历、成长背景，何以会对那一段历史有热情？要知道，继八十年代思想解放运动，新时期文学发轫与发展，肯定与发扬个人价值之后，难免走入偏狭，到了七十年代生人开始写作，文学中的个体性常被当成一种私人化的概念，于是对自身以外他人的生活渐趋淡漠，从某种方面来说，这样简单的自我书写，也规避了想象力不足的缺陷。所以，时代虽然要负一定责任，但归根结底，还是与天分有关。当写作与发表变得轻松方便的时候，要在大量流通的文字中发现真正的虚构的天赋，其实要比前一个严谨的时代更为不易。我一下子就喜欢上于田儿的小说。故事的清新，叙述的沉着，更可贵的是，感情充沛。小说附了一篇后记，写她带着写好的小说到老干部活动中心，读给他们听，于田儿写道："我刚读了几句，老人把面前的麻将推倒，对三个牌友说咱们都听听，四个老人都闭着眼睛听我又从头读起。"读完之后，其中一位老太太抹着眼泪走了，留下一句："以后可别给写文章的人说故事，省得他们胡编乱造，还惹得人心里难过……"老太太不经意间说出一个真理，小说就是这么样来的，又是这么样在着了。

在老干部活动中心得到强烈反响的三篇小说，社会上的命运却不怎么样，屡投屡退，倒不是编辑们的判断力出毛病，更可能是如今杂志社对自然来稿已不存信心。最后只得自己打印自己装订，东送送，西送送，在朋友间流传。"一介"的书案上，自然也放上几册，这种发行方式倒是与"一介"的性格蛮符合的。读了小说，立即向《上海文学》推荐，当时的主编是蔡翔，他也很喜欢，三篇里挑走两篇，余下一篇给了《作家》杂志社。

事过许久，接到了于田儿电话，显然是循于惯常的礼节，来表示感谢。大约事先打好的腹稿，说慢了就会忘记或者说错，所以是急匆匆不及喘气地说出来，大意为单是我写的介绍短文已经比她的小说有质量，她都配不上等等，过度的谦辞也不像是她这样年纪的人，年轻人总是狂傲的。电话结束后，我与她都松了一口气。我很能理解那一种受了人好处的心理压力，不由自主会情怯起来，就觉得出她有意无意的回避。待许多日子过去，在《收获》杂志社周年庆典晚会上，我才第一次看到于田儿。一个粉雕玉琢的女孩子，穿一袭大红衣裙，小孩子参加大场面，格外隆重的样子。对我自然是紧张的，几乎无从措手足，于是速速走开，以免减低她与同辈人一起的乐趣。

这时候，于田儿的写作和发表已经顺利起来，开始进入出版，甚至文学批评的视野。偶尔会浏览一下她的小说，大体印象是不比她的同辈人差，但也未见得更好。其中有一个短篇，名叫《遗忘之后》，写一对男女的情感故事，他们的邂逅就发生在"一介书屋"，第一人称"我"是那个年长男性，可是年轻的女孩"西瓜"却更像是于田儿自己。似乎是这一代写作者无可避免的命运窠臼，总归要蹈入"自我"的小世界。而她的长篇小说《大路千条》，去到遥远的历史中，说来是"大世界"，却又疏离于个人经验，缺乏细节，无论故事还是情绪，都显得空洞了。最初的小说中的光彩平息了，这并不奇怪，处女作往往是并一身之全力，不管不顾喷发出来，自会有一股冲击。一旦进入常规性写作，无意识变有意识，难免受创作的普遍规律拘束，就要等待理性成长，再来激活感性。这是一个略为平淡的时期，可是不着急，一个写作者，须经历多少跌宕起伏，方能获得一点自主性。无论怎样，于田儿的写作，显现出之前不曾有过的镇定，似乎写的时候就知道，发表是没有问题的，所以就可从容运笔。这是一个受到承认的年轻人的小小的自得。然而，在此同时，另有一种不安，在渐渐地酝酿起来。

　　"一介书屋"终于关门大吉了。早说过，它这样的生意做不长。在它来到淮海中路西端之前，已经被驱赶过一回。更早些时，是在延安路延安中学隔壁的，市口要比这里好许多，因为校门扩建，不得不往西移。安稳了几年，买书人渐渐认了门，事情又来了。先是高温，树荫稀疏的马路上，柏油几乎要起泡，没有行人路过，骑车人且被上下街沿间的护栏挡住，谁有耐心绕几十米从入口上人行道光顾一个小书店？再是大雨，积水漫下台阶，淹了店堂，几千本书就泡在污水中；然后，淮海路沿街铺面一并上涨租金，"一介"的房东自然也不能落后……关门之前，段晓楣四下通知我们这些老主顾兼朋友去到书店"扫货"。我去得最晚，店堂空了大半，"季风"董事会严博飞、何平他们应允收下所有余书，职员们正在打包。段晓楣将她自己的一些藏书送给我，书店有一半是她的书房，店没有了，藏书也没心绪了。这些书刊都是多年来从各旧书市场搜罗来的，它们是《文艺阵地》《新潮》《文学周报》《创造周报》，上海书店的《奔流文艺丛刊》，每一种都不齐全，可是天长日久，总有搜齐的那一日，就像店门外那几株爬墙虎，已经爬满一面墙，如今却戛然而止。架上腾空了，柜门打开着，整个书店好像开膛破肚，有一种东西在分崩离析，溃散开来。

于田儿继续写着她的小说，"于田儿"这名字改为"于东田"。有几次在剧院里遇见她，她还是拘谨，但不再躲我。其时，已经本科毕业，留校教学，同时修研。还有几次，我们会在张文江家里遇见。张文江也是一个奇人，他是上海社会科学院文学所的研究员，不知是从社科院开始，还是复旦大学中文系起的头，总之，他每周五下午开课，地点就在他家，以"老庄"为主，兼授其他。听课的人除社科院与复旦的研究生外，还有戏剧学院的师生、文学编辑、媒体记者、读书栏目主持人。有一个阶段，一位中医每课必到，还有一个阶段，一位做 IT 产业的老板也每课必到。座上常会出现完全陌生的人，谁都不认识，是自己听说了摸过来的。有一些年轻人，因为感情问题会来寻求答案，我在折腾调动的时候也一径往他家跑，可是别指望张文江会指点迷津，他都是从形而上出发，以玄对玄。就是这么摸不着头脑，也挡不住人们往那里去。所以，周五这一天，在他家里，遇上什么人都别奇怪。

过了这些年，于田儿，或者说于东田，形貌与最初看见时很有了改变。她当然是成熟了，不再是原先那个娇嫩的小姑娘。有一回，她穿了一件茶绿色的长风衣，真是仪态万方。在这雍容的气度里，也能体察到有一种阅历正从她身上走过。她一篇接一篇地写作，忽然冒出来一个《小站》，让人眼睛一亮。《小站》写的是"我"去某地为三伯吕无疾扫墓，这位长辈在动荡的政治生活中落马，贬斥到这偏僻小站度过余生。和许多同时代的知识分子的遭际差不多，也是八十年代"伤痕文学"的主旨。可是"我"在小站却看到另一番情景，受迫害的愤懑并未留下显著的痕迹，身处异乡也未见得多么凄凉，相反，倒是流传着三伯香艳的绯闻。家族中关于不肖子的风流轶事在此又接续上，而且更有声色，原先被严肃的道统不齿的三伯，在此却受到极大的艳羡。小说的末尾写到"我"乘火车离开小站，看见容颜娇好的女乘务员，于东田写道："遥想数十年前，吕无疾在同一挂车上看着窗外的风景闪过，他眼前出现的也是如此佳人，一时间，江山入画美人似梦，好不快意。"

于东田的天分又回来了，更加烁然。这一篇小说与最初那三篇相比，似乎缺了点厚重感，但是却比较接近于东田自己，就是说更像她。写作者个人的气质，在此显现端倪。这气质，并不是外在于表面，它潜在于深处。像《遗忘之后》那样几乎直接在写自己，倒不一定体现出自己，而写他者的故事，则也许不经意间流露出来。这确乎不完全取决于主观的意志，就好像灵光闪现，尤其是当一个写作者已经上道，却未走远，在自觉与不自觉中摇摆。简直就是捉迷藏，不知道那一道光隐匿在哪一处影地里。可是，只要坚持不懈地走下去，总有一天出现奇迹。当然，在奇迹出现之前，我们还需要忍受平淡的日子。

和所有的年轻写作者一样，于东田似乎也一头扎在长篇里。长篇已成为出版市场的支柱产业，需求量极大。而年轻的写作者，先勿论其他，单只年轻这一项，便可夺人眼目。张爱玲"出名要早"的名言，顺风流传，虽然张爱玲本人并不因长篇而出名，可如今这时代就是向你要长篇呢！不仅市场，各项创作资助亦都倾向于长篇写作。如此汹涌澎湃的洪流中，一个年轻人很难保持特立独行。在我看来，于东田并不适合于长篇幅的写作，并且是当她还未有足够把握掌控中短篇的时候。小说多少带有匠作的成分，倘若有技能，哪怕气质不符，也可将就操作一个长篇。尽管写作的高下并不以篇幅长短衡量，俄国的契诃夫一辈子只写中短篇，法国梅里美写过一部长篇，其余都是中短篇，就算是中国当代文学，像刘庆邦，也是以短篇小说安身立命。二〇一〇年，上海作家协会召开青年创作会议，于东田的发言，描述了她的困惑。她的困惑是，不知道哪一类题材可进入写作。看得出她对外部现实的关注，不满足于个人经验，这是从创作起始保持至今的初衷，是极可贵的潜质，意味着她有可能拥有较为宽广的格局。同时也看出力不从心，难以从表面深入内里，多是浅尝辄止，在某一个点上稍事停留，便切换到另一个点。越无定夺，越觉紧迫，情绪不免焦虑，思想也变得混乱。可是，这也不要紧，还是那句话，坚持走下去，形势终会明朗起来。

生活的某些部分确实在颓圮，比如"一介书屋"已不复存在。但不还有继续在着，或者新生出来的？比如张文江家的课堂，一拨人离开，又有一拨人来到。有时候走在街上，忽然遇到一个似曾相识的人，待走过去才想起来，原来是在张文江课上见过。溃散的成分其实总量还在，就像能量守恒的原理。在这样一个迅速转换的时代，要有耐心，也许有一天，那些残砖断瓦重又组合起来，建设成新天地，让我们居住其中。但这又像是和时间赛跑，不知道等得及还是等不及。

　　青创会结束后，于东田要回北京鲁迅文学院继续进修，我问她什么时候动身，她说：王老师北京有什么事交给我好了！就觉出这孩子的伶俐，我真有事呢！过几天，我准备好托带去北京的东西，她也到了登车北上的一日。天下着雨，她跑到我家取东西。这是我与她第一次面对面坐下来说话，她说了在北京的学习生活，又与我讨论了电影和戏剧，再说些闲话。她已经不怕我了，相处颇为自如。她送我一个礼物，一尊观音像，侧头伏在膝上，形状端庄又有些妩媚。我不懂佛，只是喜欢观音的容颜姿态，于东田说，这是观音觉悟的一瞬，观音身后有一盏烛台，烛光点起，那一瞬间便呈现了。现在，我想的是，你把光亮给了我，你自己用什么照耀黑暗呢？

二〇一〇年十二月二十四日　上海

短篇小说的物理

——九久"短经典"系列总序

好的短篇小说就是精灵，它们极具弹性，就像物理范畴中的软物质。它们的活力并不决定于量的多少，而在于内部的结构。作为叙事艺术，跑不了是要结构一个故事，在短篇小说这样的逼仄空间里，就更是无处可逃避讲故事的职责。倘若是中篇或者长篇，许是有周旋的余地，能够在宽敞的地界内自圆其说，小说不就是自圆其说吗？将一个产生于假想之中的前提繁衍到结局。在这繁衍的过程中，中长篇有时机派生添加新条件，不断补充或者修正途径，也允许稍作旁务，甚至停留。短篇却不成了，一旦开头就必要规划妥当，不能在途中作无谓的消磨。这并非暗示其中有什么捷径可走，有什么可被省略，倘若如此，必定会减损它的活力，这就背离我们创作的初衷了。所以，并不是简化的方式，而是什么呢？还是借用物理的概念，爱因斯坦一派有一个观点，就是认为理论的最高原则是以"优雅"与否为判别。"优雅"在于理论又如何解释呢？爱因斯坦的意见是："尽可能地简单，但却不能再行简化。"我以为这解释同样可用于虚构的方式。也因此，好的短篇小说就有了一个定义，就是优雅。

在围着火炉讲故事的时代，我想短篇小说应该是一个晚上讲完，让听故事的人心满意足地回去睡觉。那时候，还没有电力照明，火盆里的烧柴得节省着用，白昼的劳作也让人经不起熬夜，所以那故事不能太过冗长。即便是《天方夜谭》里的谢赫拉查达，为保住性命必须不中断讲述，可实际上，她是深谙如何将一个故事和下一个故事连接起来，每晚上，她依然是只讲一个故事，也就是一个短篇小说。这么看来，短篇小说对于讲故事是有相当的余裕，完全有机会制造悬念，让人物入套，再解开扣，让套中物脱身。还可能，或者说必须持有讲述的风趣，否则怎么笼络得住听众？那时代里，创作者和受众的关系简单直接，没有掩体可作迂回。

许多短篇小说来自这个古典的传统，是负责任的讲述者，比如法国莫泊桑，他的著名的《首饰》，将漫长平淡的生活常态中，渺小人物所得出的真谛，浓缩成这么一个有趣的事件，似乎完全是一个不幸的偶然。短篇小说往往是在偶然上做文章，但这偶然却集合着所有必然的理由。理由是充分的，但也不能太过拥簇，那就会显得迟滞笨重，缺乏回味。所以还是要回到偶然性上，必是一个极好的偶然，可舒张自如，游刃有余地容纳必然形成的逻辑。再比如法国都德的《最后一课》，这些短篇多少年来都是作范例的，自有它们的道理。法国被占领，学校取消法语课程之际，一个逃学孩子的一天。倘是要写杂货店老板的这一天，怕就没那么切中要害。法国作家似乎都挺擅长短篇小说，和精致的洛可可风气有关系吗？独具慧眼，从细部观望全局。也是天性所致，生来喜欢微妙的东西，福楼拜的长篇，都是以纤巧的细部镶嵌，天衣无缝，每一局部独立看也自成天地。普鲁斯特《追忆似水年华》，是将一个小世界切割钻石般地切成无数棱面，棱面和棱面折射辉映，最终将光一揽收尽，达到饱和。短篇小说就有些像钻石，切割面越多，收进光越多，一是要看材料的纯度，二是看匠人的手艺如何。

短篇小说也并不全是如此晶莹剔透，还有些是要朴拙许多的，比如契诃夫的短篇。俄国人的气质严肃沉重，胸襟阔大，和这民族的生存环境，地理气候有关，森林、河流、田野、冬季的荒漠和春天的百花盛开，都是大块大块，重量级的。契诃夫的短篇小说即便篇幅极短小，也毫不轻薄，不能以灵巧精致而论，他的《小官吏之死》《变色龙》《套中人》，都是短小精悍之作，但其中却饱含现实人生。是从大千世界中攫取一事一人，出自特别犀利不留情的目光，入木三分，由于聚焦过度，就有些变形，变得荒谬，底下却是更严峻的真实。还有柯罗连科，不像契诃夫写得多而且著名，可却也有一些短篇小说令人难忘，比如《怪女子》，在流放途中，押送兵讲述他的经历——俄罗斯的许多小说是以某人讲故事为结构，古时候讲故事的那盆火一直延续着，延续在屠格涅夫《白净草原》的篝火，普希金的《黑桃皇后》则是客厅里的壁炉，那地方有着著名的白夜，时间便也延长了，就靠讲故事来打发——在《怪女子》，是驿站里的火炉，年轻人讲述他曾经押送过一名女革命党。一个短暂的邂逅，恰适合短篇小说，邂逅里有一种没有实现的可能性，可超出事情本身，不停地伸展外延，直向茫茫天地。还有蒲宁，《轻盈的呼吸》。在俄罗斯小说家，这轻盈又不是那轻盈。一个少女，还未来及留下连贯的人生，仅是些片鳞断爪，最后随风而去，存入老处女盲目而虔敬的心中，彼此慰藉。一个短篇小说以这样涣散的情节结构起来，是必有潜在的凝聚力。俄国人就是鼎力足，东西小，却压秤，如同陨石一般，速度加重力，直指人心。

要谈短篇小说，是绕不开欧·亨利的，他的故事，都是圆满的，似乎太过圆满，也就是太过负责任，不会让人的期望有落空，满足是满足，终究缺乏回味。这就是美国人，新大陆的移民，根基有些浅，从家乡带了上路的东西里面，就有讲故事这一钵子"老娘土"，轻便灵巧，又可因地制宜。还有些集市上杂耍人的心气，要将手艺活练好了，暗藏机巧，不露破绽。好比俗话所说：戏法人人会变，各有变法不同。欧·亨利的戏法是甜美的伤感的变法，例如《麦琪的礼物》，例如《最后的常春藤叶子》，围坐火盆边上的听客都会掉几滴眼泪，发几声叹息，难得有他这颗善心和聪明。多少年过去，到了卡佛，外乡人的村气脱净，已得教化，这短篇小说就要深奥多了，也暧昧多了，有些极简主义，又有些像谜，谜面的条件很有限，就是刁钻的谜语，需要有智慧并且受教育的受众。是供阅读的故事，也是供诠释的故事，是故事的书面化，于是就也更接近"短篇小说"的概念。赛林格的短篇小说也是书面化的，但他似乎比卡佛更负责任一些，这责任在于，即便是如此不可确定的形势，他也努力将讲述进行到底。把理解的困难更多地留给自己，而不是读者。许多难以形容的微妙之处，他总是最大限度传达出来，比如《为埃斯米而作》，那即将上前线的青年与小姑娘的茶聊，倘是在卡佛，或许就留下一个玄机，然后转身而去，赛林格却必是一一道来。说得有些多了，可多说和少说就是不同，微妙的情形从字面底下浮凸出来，这才是真正的微妙。就算是多说，依然是在短篇小说的范围里，再怎么样海聊也只是一次偶尔的茶聊。还是那句话，短篇小说多是写的偶然性，倘是中长篇，偶尔的邂逅就还要发展下去，而短篇小说，邂逅就只是邂逅。困惑在于，这样交臂而过的瞬间里，我们能做什么？赛林格就回答了这问题，只能做有限的事，但这有限的事里却蕴藏了无限的意味。也许是太耗心血了，所以他写得不多，简直不像职业作家，而是个玩票的。而他千真万确就是个职业作家，唯有职业性写作，才可将活计做得如此美妙。

意大利的路伊吉·皮兰德娄，一生则写过二百多个短篇小说。那民族有着大量的童话传说，像卡尔维诺，专门收集整理童话两大册，可以见出童话与他们的亲密关系，也可见出那民族对故事的喜爱，看什么都是故事。好像中国神话中的仙道，点石成金，不论什么，一经传说，就成有头有尾的故事。比如，皮兰德娄的《标本鸟》，说的是遗传病家族中的一位先生，决心与命运抗争，医药、营养、节欲、锻炼，终于活过了生存极限，要照民间传说，就可以放心说出，"从此他过着幸福的生活"，可是在这里事情却还没有完，遗传病的族人再做什么？再也想不到，他还有最后一搏，就是开枪自杀，最后掌握了命运！这就不是童话传说，而是短篇小说。现代知识分子的写作渐渐脱离故事的原始性，开始进入现实生活的严肃性，不再简单地相信奇迹，事情就继续在常态下进行。而于常态，短篇小说并不是最佳选择，卡佛的短篇小说是写常态，可多少晦涩了。卡尔维诺的短篇很像现代寓言，英国弗吉尼亚·伍尔芙的短篇更接近于散文，爱尔兰的詹姆斯·乔依斯的《都柏林人》则是一个例外，他在冗长的日常生活上开一扇小窗，供我们窥视，有些俄国人的气质。依我看，短篇小说还是要仰仗奇情，大约也因为此，如今短篇小说的产出日益减少。

　　日本的短篇小说在印象里相当平淡，这大约与日本的语言有关，敬语体系充满庄严的仪式感，使得叙述过程曲折漫长。现代主义却给了机缘，许多新生的概念催化着形式，黑井千次先生可算得领潮流之先。曾看过一位新生代日本女作家山田咏美的小说，名叫《YO—YO》，写一对男女相遇，互相买春，头一日她买他，下一日他买她，每一日付账少一张钱，等到最后，一张钱也不剩，买春便告罄结束。还有一位神吉拓郎先生的名叫《鲑鱼》的小说，小说以妻子给闺密写信，因出走的丈夫突然归来停笔，再提笔已是三个月后，"他完全像鲑鱼那样，拼命地溯流而归……"浅田次郎的短篇《铁道员》因由影星高仓健主演而得名，他的短篇小说多是灵异故事，他自述道是"发生在你身上……温柔的奇迹"，这也符合我的观念，短篇小说要有奇情，而"温柔的奇迹"真是一个好说法，将过于夯实的生活启开了缝隙。相比较之下，中国的语言其实是适合短篇小说的，简捷而多义，扼要而模糊，中国人传统中又有一种精致轻盈的品味，比如说著名的《聊斋志异》，都是好短篇，比如《王六郎》，一仙一俗，聚散离合，相识相知，是古代版的《断臂山》，却不是那么悲情，而是欣悦！简直令人觉着诡异，短篇小说是什么材料生成的，竟可以伸缩自如，缓急相宜，已经不是现代物理的概念能够解释，而要走向东方神秘主义了！

二〇一一年二月二十六日　上海

解密

——苏伟贞《魔术时刻》序

确如作者苏伟贞所说:《魔术时刻》是一组"魔术",我说的"魔术"又还不是苏伟贞用意里,电影技术中的"狼狗时光"——"衔接白昼与黑夜的中间暮色",而是真正的魔术,那就是公然展现给我们看的是一种情景,同时呢,又透露出某种暗示,暗示在表面的情形后面,还有另一个存在。似乎是,地上的花朵之下,还有隐匿的开放,其间神秘的关系,在小说里是以隐喻的方式显现,这样的隐喻方式,怎么说呢?

比如《孤岛之夜》,在选举即将揭晓的前夕,发生的一夜情,偶然的邂逅,本是逢场作戏,不料生出死生契阔的执手情义,却一瞬即逝,留下的且是城池将失的苍茫,是"倾城之恋"吗?又是又不是,是城也倾了,恋也倾了，这两者之间的因果链接断裂了，取之替代的是什么关系？相互的映照吗？比如《魔术时刻》，言静和成群，相隔一弯海峡，几千里陆路，在常伦的婚姻边缘，挤出一道狭缝的情欲，最奇异而刺激的是在摩天轮上肌肤相亲，雨天中的摩天轮除他们两人外，没有别的乘客，但地面有一个售票员，他们只能在摩天轮升高到十二点方位，五秒钟的时刻苟欢。尽管有这样的"魔术时刻"，这爱恋还是与其他同类型的男女关系一样，落入无果，独留下一个飞扬的刹那，凸起在寻常之上，闪烁着光芒，是要点醒什么呢？《倒影小维》就更暧昧了，父亲和姑妈，我和小维，无常的离聚，纠结了打散，打散后再错接，错接又拆开，你中有我，我中有你，只有归回到那一帧旧照片上，方能各就各位，井然秩序。虚空茫然中，究竟是一个什么样的命运，主宰着照片上的家族呢？《候鸟顾同》，可说直接就是错乱的故事，包含有两重颠倒：顾同本是一重性别倒置，令人吃惊的是，他竟然与她——一个处于成长期的少女，还未来及显现性征，可是他又怎么能了解她的内心？或许是因为了解，才行使爱情霸权主义，强行将她倒置。她企图将颠倒纠过来，回到各自的原位，结果是什么呢？背叛和离弃。为寻找真正的伴侣，不惜自伤而入精神病院。颇有意味的是那只被叫作"二分之一"的鸟，得名于她正等待一个百万小说大奖颁布，得与不得的概率为五十对五十。那阵子，窗前常有鸟叫，不知是何兆，于是就称它"二分之一"。这个名字恰似暗指，指的是自己的另一半，不知在哪里，什么时候，需怎样的契机，合二为一。但要是以为小说的隐喻在这里，似乎又不够，她与顾同的离奇关系，内中的倒错里，自虐和他虐的关系，远不是一个"二分之一"够得上指认的，因此，另有机关所在。《老爸关云短》，这是"魔术时刻"中最为清醒的一刻，祛了魅似的，事情是以"显学"的方式体现，常态性的叙述在一连串的幻觉中却变得突兀，就好像梦久了，以为醒来才是梦似的，于是就成了梦魅中的梦魅，魔术中的魔术。徐徐道来的往事，切肤可感：从未涉足的原乡，至亲中的两隔，是抒发，又好像指涉题外的什么，是作者别有用意吗？暂时在阅读上打一个结，等以后再来解开。接下来，魔术又来障眼了，这一回化身为电影，《以上情节》，宝圣，没有父亲，应该说，父亲是有的，却不能见光，是见光死。如此，存在就变得模糊不确定，于是，到电影院去，在恍惚的影像中，虚构一个身世。可是，即便这样虚无的存在里，宝圣也挡不住要成长起来，谙熟世故，免不了对影中人的训导——
"我们只有这个世界，现在的这个，"发表严正的异议，"你
错了，我们连这个世界都没有。"倘若透过影像，伸出手
去，摸到的是什么？坚硬的墙体，抑或柔软的荧屏，无
论坚硬还是柔软，都是结实可靠的物质世界，怎么能说
没有呢？宝圣说的"没有"大约是指另一桩东西，不止是
个体的具象的人生，这人生哪怕有缺陷，也还是摸在手
里、存在心里的啊！真正遗失的缺席的是什么呢？这是又
一个谜语，魔术其实就是谜语。在《使者》，写实的叙事
性又好像回来了，安南随母亲回原乡去了，可到底不是
如《老爸关云短》那么肖真，小说最末一句："安南站起身
的时候已经长成现在这么高了。"这可不是一个巨型魔术
吗！而那一路上的水汽朦胧、烟雾弥漫，更是一个大幻
术，将虚和实混淆互换，这就是安南的原乡，一个大谜
语。《日历日历挂在墙壁》跨越安南的旅程，直接到了过往
的日子，时间隧道是魔术中连接真实与骗局的机关。这个
旧式家庭的老故事里，我最留心的是那个"冯冯"，她就
像那类灵异故事中的偶人，一张永不长大的娃娃脸，没
有意志，却又无所不达，时不时地作祟，但等阿童来到，
便附上肉体，嵌入长幼尊卑的排序。可那阿童，难免着

了冯冯的魅，而且会洇染，带了一大族人都变得飘忽不定
了……

　　每个故事都有一种不完整性，就是说在事情的某一
部位呈出遮蔽的状态。比如《孤岛之夜》，女主人公到底
也没听清楚周伟属哪个党，支持对象是谁，我们都知道，
就她不知道。《魔术时刻》里那一对男女也是身世模糊。《倒
影小维》呢，真是只看见倒影，小维的命运，就像小说
里说的，"经过他们这样错乱的打岔"，余下的是印象的碎
片，不知以什么原则来组合它。事情总是呈出一个缺口，
但这缺口不是那缺口，而更像一个通道，通向另一条路
径。就像魔术师的诡计，将要你看的给你看，不要你看
的蒙蔽起来，就像《候鸟顾同》里那只"二分之一"鸟，先
听见声音，再看见它，随后呢，事情又变得可疑，出现
的是同一只鸟吗？《老爸关云短》，事情还原到自然状态，
不由小说家操纵，可还是隐匿着罅隙，比如老爸教"我"
游泳，问道："在你的身体和水之间，是什么？"再比如那
原乡的树种，桦树干上的眼睛，"非常非常非常非常……
深邃的生命内里"——可以视作一种修辞法，亦可以归作
风格，含蓄，而我宁可以为这是一条秘密通道，通向另

一个，俗话叫作"形而上"的所在。《以上情节》整个故事都是在虚实间来回进出，却又假亦真时真亦假，是以那一条说明揭露的："以上情节纯属虚构"。《使者》里的同行者小洁，没头没尾的故事，莫测的性格，看不见路数的前途，是要人猜的谜底，谜面是什么？又是一个大缺口和大断裂："安南站起身的时候已经长成现在这么高了。"《日历日历挂在墙壁》，臆想的冯冯和实体的阿童之间，潜在未明的昏暗……没错，那遮蔽住不让我们看见，被魔术的机关锁住了的，是什么样的真相？

首先必须要找到那把开锁的钥匙，遍地搜索，事情颇有些类似《以上情节》，"以上情节纯属虚构"这一条说明如今不再出现在片头和片尾，于是，"有一条裂缝分明缝合起来"，可是，再精明的手艺人，总也不免留下一个接头，陶土坯子在转轮上转啊转，那收梢的一点转进均匀的螺旋纹里，到底有那么个针尖般的线头。每一个魔术时刻，都会有蛛丝马迹，或者一个动作，或者一件器物，抑或是一个背景，暗露端倪——《孤岛之夜》里的龙舌兰酒，喝法是"左手虎口撒了细盐，就着柠檬片"；《魔术时刻》，没商量的，就是摩天轮；《倒影小维》中的家族旧照片；《候鸟顾同》里的"二分之一"；《老爸关云短》是什么呢，写实的自然状态似乎将一切隐喻都排除出局，或者是《三国》故事，或者暂时没有，略过去再说；《以上情节》是电影；《使者》里，是那个旧地名"晴隆"；《日历日历挂在墙壁》是冯冯……回过头去检索一遍，都对得上，唯有《老爸关云短》不那么贴切，《三国》故事是砌在整个讲述中，是老爸心事的借题，作为隐喻缺乏一定的孤立性，换一个说法，故事太完整了，没有先前说的那个缺口——就这个结拊不平伏，然而，不期然间，却有了惊天发现，原来，原来，《老爸关云短》本身就是一个大隐喻，是《魔术时刻》的暗扣，魔术的机关就在魔术内部，钥匙就在锁里，这是变幻的原则！于是，豁然间，谜语全都解开。所有那些缺口，全被这一个大缺口收复了。

在那倾城之恋、摩天轮的苟欢、旧照片的魅影、倒错又倒错的情欲、电影的光影交互、雾蒙蒙雨蒙蒙的晴隆、日历上的纪实与虚构……其实都来自那个命运的深渊中——距离原乡越来越远的归程，追溯往昔越来越近的去路，鬼附身的前生，见光死的后世，徒劳无益的往返，无处归向的爱、义、恩、怨、愁！可是，谁知道呢？也许我解的只是我的阅读的谜，在伟贞那里，还存着一个她的书写的谜，是决不让外人接近、触碰、释解、破译，我们只能看和想象，却无法为它命名。

二〇一一年六月五日　上海

归去来

——蒋晓云《百年好合：民国素人志》序

　　蒋晓云这十二篇小说，分开来各自成立，集起来又相互关联，比如：《百年好合》里的女主角是母亲金兰熹；《女儿心》是女儿陆贞霓。第三篇《北国有佳人》另起一路，商淑英出场了，但那个恩客黄智成看来怎么有些面熟？不就是陆贞霓的先生！与商淑英舞场邂逅，轰轰烈烈过后，回到父母身边，然后与世家陆氏联姻。商淑英离乱中的知交翟古丽则在《凤求凰》中正面亮相，演绎生平事迹。与黄智成的非婚生女杜爱芬的罗曼史又独立一章，名为《珍珠衫》。那个不起眼的小丫头，商淑英的表妹应雪燕，原是替表姐顶缺，进舞场挂牌，到了《昨宵绮帐》，早已经大红大紫，富商陆永棠做她的恩客，陆永棠这人曾记否？正是金兰熹少她五岁的老公——顺便说一句，众星捧月登台的应雪燕悲情，却让妒妇金舜美后来居上，于是，一幕伤感剧转变成严肃的成长小说。《凤求凰》中，翟古丽的女儿琪曼将尾上的那个梢继续下去，成为旖旎的《红柳娃》。《红柳娃》尾上的梢，宝宝，不知道将延到哪里去，总之，事情远远没有个完！接下去的《朝圣之路》里的安太太，显然是金家"舜"字辈的姐妹中的一个；《百年好合》的金兰熹本名金舜华，居长；《昨宵绮帐》的金舜美最幼；居中的金舜蓉，之子于归，金、陆两大世家外，又多出一个安姓。安家有一双女儿，安静和安心，再有一个前房大妻的儿子亦嗣，三人各有一段：属安静的是《朝圣之路》；安心是《人生若只如初见》；亦嗣呢，略往后推一推，他的母亲辛贞燕，"五四"眼睛里封建婚姻的遗物，其实不过是人世间的苦命，即便是弃之如敝屣的遭际，也还是有值得念想的珍爱，就会有一段《独梦》，然后才轮得到亦嗣呢。长在时代的畸裂中的亦嗣，演出的是校园情事，本来是青春剧，类似"那些年，我们共同追求的女孩"，可是拖尾久了，进入到庸碌的中年，于是成《落花时节》。这也是蒋晓云的小说观，总是从长计议，有时会发生嬗变，也有时，传奇回复人生本来面目。《蝶恋花》又为安心的故事添上一笔旁枝，主角是郭宝珠；郭宝珠的女儿郭小美应是与《红柳娃》中宝宝同时代人，故事也是在母亲的收梢上开头，隐逸于茫茫。

犹如套曲，一曲套一曲，曲牌如海。这是外形，内容来看，这里的人且出自一个族群，盘根错节，也就是渊源的意思了。开牛肉面铺的翟古丽是草根，可皇帝也有三门草鞋亲，那近代资本主义，不是胼手胝足苦做，谁又上得财富榜，跻身上流？何况又有一个更强大的命运，笼罩社会各阶层，那就是离乱。

这些故事，无一不是从原乡起头，拖曳他乡，有时在地收手，又有时归去来，就更令人感佩了。《女儿心》开篇时，陆永棠越洋电话买进卖出，离土几十年，依然搭得着脉动，草莽中起家的第一代生意人，嗅觉最灵敏，闻风而动。越过计划经济时期，再度复兴市场的上海，多少有些回到源起的日子，带着蛮荒的气象，正对陆永棠们的路子，适逢其时。电话那头的中介商，就算是人称"老克勒"的人物，怀旧领新，也要勤力勤为，才跟得上趟。《北国有佳人》中的商淑英，是在七十大寿之际，随旅行团重回故地上海，凭窗而坐，举着高脚香槟杯，同团的年轻人觉着眼前的老太太比实地的上海更为"上海"——

"雍容华贵"，事实上，她的一生倒是和窗下九十年代满城的土木工地相似，粗砺和坚硬，不惜摧毁，最终又建设起新的价值。《朝圣之路》的安静，离开美国踏上回乡路，那一个瞬间，可说归纳总和两代人飘零的心路，时间忽然倒流，汹涌奔来。自从与父母走出内陆的家门，几聚几散，几走几停，几回下马，又几回拍鞍。一个小孩子，哪里识得了惶悚与颠沛里的历史变迁，只有依着本能，将自己收缩起来，以为最安全。即便是个大人，所谓和命运奋争，有多少出于自觉的选择？那些盲目的主动性，只怕伤自己伤得更惨。

《昨宵绮帐》里的金舜美，比安静长十岁，已过二十岁生日，就比单纯的孩童多一重烦恼，待字闺中，一无所措，眼看青春荒废。这一篇倒更合乎"女儿心"的题名，倘是以舜美作主演，然而，方才说了，舞台追光里的人是应雪燕。应雪燕本是陆永棠的藏娇，然后一箭双雕，射中两颗青年的心：一个是空军飞官，另一个还是空军飞官；一个钟情于她，另一个被她所钟情；一个为她守志，另一个则是她为他守志，占尽人间情爱，却又极无辜。最多数女子的感情经历却是匮乏以至贫瘠的，体面地将自己嫁出去，几乎是古今中外的普世价值。简·奥斯汀笔下的那群没有嫁妆的女儿，张爱玲笔下一大群，蒋晓云这里又是一伙——金兰熹，就是金舜美她同父异母的大姐大，因是继母不好管，生性又强势，有一些些像张爱玲《金锁记》里的曹七巧，曹七巧好歹有哥哥替她做主嫁出去，奋斗是从婚姻中开始，金兰熹的争取要推得远一步——这也是蒋晓云有叙述的耐心，追根溯源，源头找到了，说不定接下来的事就不是预定的那一个，而是旁出去，成为另一支，就像《昨宵绮帐》。我怀疑初衷是作应雪燕哀史，结果推出的是金舜美——金兰熹自筹婚事已经算得上悲壮，且不论减去五岁年龄的窘急，只说走出深闺，担当钢笔公司广告小姐那一着。当然不是受启蒙，挑战封建家规，革命的性质却是一样，风险则更上一筹，不定收获新式婚姻，但肯定回不去旧式了。不过，社会到底空间大，机会就多，不是有照相馆开票的女职员被电影公司发现，最后成明星的？小家小户的女儿比较不容易被耽误，也是这缘故。金兰熹这一着还有一些些像张爱玲《倾城之恋》，白流苏跟范柳原去香港的险棋，都是豁出去的，也都成了，是她们有运气，还因为世道还未大乱，事物的理数尚存，所以有志者事竟成。

轮到舜美，情形就不同了。

可怜她跟了哥嫂和大姐夫的"小三"，这一队组合本身就不伦不类，阻在旅途，稍纵即逝的豆蔻年华无限期地耽搁下来。生在富家，而且是暴富，没什么根基，不及立规矩。舜美又是排末，"奶末头"常常不大靠谱，一是宠溺，二是父母上了年岁，监管不力，难免失教，再加上兵荒马乱，改朝换代，更顾不上，由她自生自灭。这舜美绰约有一些儿曹七巧女儿长安的影子，不通常情，看不懂形势，最终错失大局。长安的命运是放任自流，舜美略有不同，也是蒋晓云和张爱玲不同。她的人物族谱与张爱玲的某一阶段上相合，就像方才说的，要追踪得远一程，然后呢，拖尾再长一截，好比是张爱玲人物的前生今世。张爱玲攫取其中一段，正是走下坡路且回不去的一段，凄凉苍茫，蒋晓云却是不甘心，要搏一搏，看能不能搏出一个新天地。是生成血气旺，更是生辰不同，越过时代的隙罅，视野逐渐开阔，有了生机。因此，金舜美就走出长安的窠臼，砸锅卖铁，到底挣了个铁价钱！一人拉大一对儿女，又自养自老——"从前让人背后叫'十三点'的上海闻人金八爷的千金小姐最后变成了一个健康独立，对一切有规划的老人。"蒋晓云就能将事情坚持到最后，决不中途退场，倒不定有大团圆等着，而是水落石出。读她的小说，就过瘾在这一点，她不会让期待落空，要说，这期待也是她给出的，给出的期待越高，兑现的任务越艰巨。情节的陡峭，非一般能量对付得了，要洞察世故，要叙事策略，要想象力，不得已处，就凭蛮力上了。这几项，蒋晓云都具备。

《北国有佳人》里，商淑英的一生，哪一段都可以打一个结。恩客黄智成离开上海去香港，太平洋战争爆发，天时地利都可以不回来，作为小说也可以成立，一百年前就有《蝴蝶夫人》，可黄智成偏偏回来，再续前缘。恩爱难抵父母之命，几番周折只得协议分手，给出的条件有金圆券，美金，金条，还有去台湾的船票，这就有意味了：漂泊，聚离，不归，歌里不是唱"这一张旧船票，能否登上你的客船？"就此打住亦有余音缭绕，可还是不然，过了海峡，故事所向披靡。想也是，商淑英还年轻，还得继续往下走。可是，小说并不为真实的人生负责，而是攫取要义，加以虚构，成作者自己的果实。蒋晓云的手势却是阔绰，称得上豪奢，攫取的内涵大，虚拟的体积就要增量。其实，海峡这边的情节，在那边就安下了楔子，所以并非单纯的加法，而是因果相衔。那楔子的名字叫作老张，老张的进行式里，又楔进老贾——事情悬了，不留神就落入类型小说，言情加特工，叙事的体量里往往潜伏着陷阱，要守严肃文学的节操必拒绝诡黠的诱惑。此时此刻，商淑英都摸到老贾床上的枪了，剑已出鞘，何以回头？然而，蒋晓云气定神闲，刀刃行走如履平地，老贾其人渐去奇情，显现严酷现实，那就是外攘方平，内战又起，海峡相持，南北分离……"北国有佳人"的"北国"二字有多少家国情仇，老贾的北方乡音仿佛是无限的隐喻，其中当然也有枪的机锋。蒋晓云至此并不放过商淑英，逼她再上一程，"淑英感觉自己像故事里遇鬼的书生，次日清晨醒来看见昨夜的亭台楼阁变成了土丘荒冢"，这就有点儿张爱玲的遗韵了，可新一代的作者只稍稍沉溺一小会儿，紧接着便咬牙奋起。时势逼迫，末世的悲凉，在具体境遇不免是奢谈，相比较之下，曹七巧白流苏们的苦衷几可称为闲愁。这里的女人可都是存亡之际，前者还是"下坡路"，后者可是临悬崖之危。张爱玲为苏青画像，世故的眼睛仿佛在说："简直不知道你在说些什么！大概是艺术吧？"这也可以用在蒋晓云身上。

蒋晓云有几分苏青的结实直率，除去个人性格，也有时代的缘故。

　　《百年好合》居小说集排位之首，大约有提纲挈领的用心，更可能是，作为全书大结局的预告。百岁寿筵上好命的老太太，众星捧月簇拥着的亲朋好友，一个接一个登场亮相，演绎各自故事，不论尊卑贵贱，全有始有终，功德圆满。又好像循着盛极而衰的自然物理，生命达至辉煌之后，就有下降的趋势，一代逊于一代。金兰熹，商淑英，应雪燕，翟古丽，自是不消说了，堪称巾帼中的英烈，甚而至于屈居"冷宫"的废妻贞燕，一旦到关键时刻，也出其不意，安置了独生子亦嗣。舜美略晚生，吃亏就大一些，最终成长起来，却付出惨痛的成本。到下一代，声色逐渐平淡，商淑英的女儿爱芬，有些像金舜蓉家的安静，小小年纪流离失所，改了性子，所幸有强悍精明的母亲，为她们作规划，只是顺从应变，结果柳暗花明有了新境界；亦嗣的处境复杂一些，除去流离之苦，还有身份的不确定，这样的孩子保持平淡性格许是最安全，但青春总是焕发的，无奈转瞬即逝，复又偃旗息鼓，归入庸常中年；最让人戚然的是安心——《人生若只如初见》，这一则故事可借用《红楼梦》某一回的题目，就是"尴尬人难免尴尬事"。安心的脾气有些像她的小姨舜美，都是排行老小，娇惯成性，婚姻家庭一团糟。但舜美糟得响亮，爽脆，轰轰烈烈；安心则是滞涩的。舜美的男人同是异乡飘零人，几近亡命之徒，不是鱼死就是网破；安心的男人是在地的本省人，就有投诚与收编的意思。安心像是半蝶半蛹，一头在空虚茫然中游离，一头已着土生根。迁徙中的悲壮激烈平息下来，日常生活静好是静好，却也是沉闷的。安心的"小三"欣玲，何其乏味；安心的男人银俊何其乏味；安心自己呢，在爱和恨里，照理应是戏剧性的，依然是乏味，乏味！

说到银俊，就又有一段枝蔓，名字叫作《蝶恋花》。银俊婚前罗曼史与郭宝珠，是本书中唯一一对本省男女。银俊家是从台北近郊菜农发迹起来的企业主，郭宝珠则是他家台湾中部的远亲，进企业做员工。这一对小男女的恋情是纯肉体，也是纯情，如同小猫小狗一般，两相投合，如胶似漆，一刀下去，各归各所，是草根的清新和利落，另有一番生机，是不是作者别有用意？他们的私生女郭小美，还有韩琪曼与志贤的私生女宝宝，小说中最新的一代，同是私生的身份，又在暗示着什么？她们还有一个共同之处，就是对往昔不存丝毫眷顾，一味向前。那宝宝为生父的仕途着想，到竞选现场亮相，代母亲忏悔，做"剃光头"仪式，出演这一场台湾地方政治秀可是有条件的，就是父亲送她出国留学。宝宝回家后对外祖母翟古丽说的一句话，也是有意味的，她说："姥，以后我出国发财了，带你去麦加！""姥"的称呼是北方话，麦加的朝圣者是穆斯林，这一路多么远啊！是漂泊人生的继往开来，又是改弦易辙，另起篇章。凭蒋晓云展现出的叙事的膂力，我们有理由相信她能够兑现承诺。

二〇一三年三月十一日　北京

虚构中的历史

依年份看去,《收获》五十五年总目录几近于一部共和国的历史，而颇具意味的是，一九六六年第三期之后，直至一九七九年第一期，总共十二年六个月空白，最直接的解释是停刊，然后复刊，但其中却暗含一个潜在的事实，就是文学与历史的紧张关系。这种紧张关系或许贯穿在所有的文学史中，既包含了个体经验和集体经验的差异，也包含先知先觉与后知后觉的差异，但我相信没有一种情形是如《收获》表现得如此彻底。十二年六个月里，全都缺席表达，陷入无语。这样说来，我们又不能单纯将《收获》当成历史来认识，由于文学总是企图重建生活状态，它就带有很大程度的虚拟性质，沉默可能是虚拟的最极端表现了。连贯的时间在此凹陷，形成黑洞，无论多少坠落都没有回声。

从《收获》编年选的目录追循，停刊前入选的最后一部作品为一九六五年第四期上金敬迈所著长篇小说《欧阳海之歌》。欧阳海是那个时代家喻户晓的英雄士兵，为保护铁路安全，从车轮下推出受惊的战马献出年轻的生命。共和国在它的草创时期，涌现无数英烈，他们大多有着贫穷与卑屈的童年，社会变革给他们展现了崭新的前途，为奴为仆的命运一跃而成天下主人，于是摒弃一己之心，走向广阔的人类理想。为英雄立传也是那个时代里普遍的文学愿望，而《欧阳海之歌》不同以往，无论描写乡村还是军旅，都洋溢生活气息，使人物脱出概念的窠臼而获得性格。这常情常性并没有减损高尚的观念，而是升华了人性。这是一个升华的时代，从某种意义上说，它特别合乎文学的性格，文学关心的总是生活应该是什么样，而非本来是什么样。上世纪初的美国作家格特鲁德·斯泰因，就是她对海明威作出"迷惘的一代"的评语，从此成为一个集体性的命名，专指二战后失落人生价值的虚无主义。她的名言是："个人主义是人性，而共产主义是人类的精神。"文学不就是探寻精神的深度和广度的吗？

再向前追溯，直至编年选起首，一九五七年创刊号第一期上，老舍先生剧本《茶馆》。这一个开篇又有一番意味，那茶馆经历晚清民初，再到日本入侵北京，国运式微，人事变迁，最后一幕里，三个老人自己为自己的身后出殡，纸钱漫天撒开，实是在替一个旧文明送葬。这文明实在太悠久，太深邃，太精致，不免伤于纤巧，熟到烂熟，于是盛极而衰。我想，老舍先生，还有《收获》的创始人巴金先生，都是由衷地欢迎新时代的到来。他们身处社会的更替，比谁都了解破天荒里的原始性，简单、粗陋、生硬，可是生机勃勃。他们宁肯屈抑着自己，约束性格，克服温情，学习新的文学，将期望寄予未来理想国的诞生。事实上，希望真的在闪烁光芒，无论成熟的作家，如郭沫若，李劼人，周而复，柳青，周立波，还是年轻的写作者浩然、金敬迈，都在努力工作，建设社会主义的文学。单从这时期篇目的名字，就可看见一个朗朗乾坤："上海的早晨"，"野火春风斗古城"，"创业史"，"迎春花"，"山乡巨变"，"艳阳天"，"欧阳海之歌"，等等，等等。可是，世事难料，热情的讴歌在寒噤中黯然收尾。

越过岑寂的十二年零六个月，编年选所收录第一篇为一九七九年复刊后的第二期上，从维熙中篇小说《大墙下的红玉兰》，就此，在激烈的历史批判中，《收获》拉开新时期的帷幕。这一个文学世代，以怎样的繁荣作描绘都不为过，压抑了那么久的思想、感情、经验，还有创造的才华，在这一时刻喷薄而出，奔腾之势不可阻挡。文学的批判是一种神奇的力量，它以破除而实现建设，以取消而收获果实，从政治社会意识形态，到人生价值，再到文明检讨，以至文学观念，叙述形式，步步犁铧，步步生花，又是一个新世界。然而，此新不是彼新，前一个"新"里，将个体作牺牲为文学献祭，借用斯泰因的说法，企图将人性提升到人类精神，结果事与愿违，陷入巨大的虚无。于是，就在这一个"新"里，失语的个体一并发声，刹那间众声喧哗。

人性，可能是八十年代使用频率最稠密、讨论最热情的概念。经历过那一个无我的时代，"人性"就具有了革命的意义。中国固然有着自己的叙事传统，但我们的近代小说也许更得自"五四"新文化运动，与西方启蒙思想接近血缘。在此时刻，欧洲文艺复兴以来的人本主义、理性主义、现代主义，先后几百年的思潮，一并来充实与丰富我们的人性观念，我相信，这一时期中国当代文学中的人性论，远远超越字面本义。好比生产关系冲击生产力，词汇已经不够用了，新的又来不及产生，于是字词的仓储无限膨胀，增扩容积量。生长激素继续加剧活跃度，单是西方的思想养料也不够用了，需要开发新的资源，于是取道拉丁美洲文学大爆炸，返回本土，溯时间而上，追文明源头，我以为这可算作寻根文学的成因之一种。我们的五千年历史，熟到不能再熟，在老北京的茶馆里，被前朝遗民撒着冥币送走的文明，忽然被发现殿堂之外，尚有更广阔的民间，在长久的闲置中，熟土又成生土，将养将息，地力足得很哪！编年选中，一九八五年六期上张承志的中篇小说《黄泥小屋》，普遍认为当属于这一文学浪潮的代表，这一代写作者在完成知青文学的使命之后，继而担任了寻根运动的排头兵。然而，当我审视编年选的目录，却有了新发现。在《黄泥小屋》之前，一九八四年一期上邓友梅的《烟壶》，再前面，一九八三年陆文夫的《美食家》，可不是早开始重新虚构旧文明了！开拓者更可能是他们。在轰轰烈烈的旗鼓大张之下，已经有先行者悄然蹚下路径。

我们时常怀念八十年代，张承志，就是写《黄泥小屋》的那个人这样描绘：开明的文化官员，编辑是我们的老师，出版与发表的严格选择，既坚持标准，又鼓励实验，同行间的正当竞争，还有前辈——是的，前辈，供我们承继，也供我们背叛。九十年代初，在一个颁奖会上，张贤亮，编年选中所收录的作品为一九八四年五期的《男人的一半是女人》，他走到我们这堆人里，对我说：据说你的《叔叔的故事》里的"叔叔"是我，那么我就告诉你，我可不像"叔叔"那么软弱，你还不知道我的厉害！他的话里携带了一股子威吓的狠劲，令人骇怕和生气，可如今想起来，那景象确实有一种象征，象征什么？前辈！前辈就是叫你们骇怕和生气，然后企图反抗，这反抗挺艰巨，难有胜算，不定能打个平手。有强悍的前辈是我们的好运气！

许多事情在同时发生。被遮蔽的历史继续揭露出来，一九八〇年第一期，张一弓《犯人李铜钟的故事》，仔细回顾，小说描写的事件，正嵌在《创业史》和《艳阳天》两个时间段之间，那如火如荼的农村建设景象之下的阴郁突起在眼前，可谓惊心动魄。历史批判越来越深入，不止是简单的愤怒，与《大墙下的红玉兰》一年里发表的，还有冯骥才的《啊！》。这一声"啊"，可说别开生面，还有那个惊叹号，流露出惊愕的表情，于是，悲剧便预示了荒诞的喜剧感。之后，一九八一年第三期上，王蒙的《杂色》，以抒情的格调重新认识被否定的历史中，具体人生的价值。我以为意义重大无可估量，它使个体超出了全体性的政治遭际领悟生存本质的美学，从而改变命运。再回去一九八〇年第一期，谌容的著名小说《人到中年》，在我看来，这一个文本有着双重含义。小说中那一对医生夫妇，度着柴米油盐的琐碎生计，可是我们很难忽略"医生"这一职业里救赎的隐喻。我不以为这是作者出于无心为人物作的选择，无心也没关系，事实上，他们就是医生，治病救人是他们的工作。一个百废待兴的人间社会，生活、事业、养儿育女，身体精神可说千疮百孔，捉襟见肘，要以一己之力补天，最后落得心力交瘁。即使放弃隐喻，回到小说描绘的故事表面，革命也正潜在地发生，政治意识形态在日常状态中解构，也许更接近着事情的核心部分。现实主义渐渐脱出社会批判的窠臼，走向更广阔的空间。接着，一九八二年第二期张洁的《方舟》，阶级社会裸露出男性中心的真面目。这一代作家，人称"右派作家"，并不完全有"右派"的遭遇，但都是人格独立，敢于怀疑，从这点上说，称"右派"也没错，果真是锐利。总是他们，一层一层破开硬土，垦出新田，种植新天地。路遥的《人生》接踵而来，那高加林其实就是《创业史》中的梁生宝、《艳阳天》里的萧长春，以及犯人李铜钟，都是传统农村的挑战者，但所接受教育的来源不同，不是在土改革命和军旅生涯开拓眼界，而是现代学校。于是，这一个农村英雄便染上小资产阶级的忧郁病，和前辈们不同，他的奋斗充满个人主义的利己性。这一个崭新的农民人格，应当说是"五四"知识分子开启民智的思想果实，自我意识觉醒，终于在半个世纪以后，新时期文学的历史批判中诞生形象。

还是在此同时，小说的叙事模式破旧立新，气势十分张扬。一九八六年第五期，马原的小说《虚构》，亮出小说的底牌，揭去了小说在现实前提之下进行的假定性，行为与口号多少是鲁直的，却可显见得颠覆的决心，仿佛是说了再做，义无反顾。接下去的情形只看篇名就可略知一二：《信使之函》《迷舟》《一个谜语的几种猜法》……这就是新时期文学史上所说的"先锋文学"。在信息量流通的今天，与其学习的西方现代主义对照，无论发生的背景还是实践的方式，也许有许多可疑之处，甚或至于，它对我们方才回归不久的经典现实主义表示的不敬，一定程度破坏了循序渐进的自然过程，引起基因突变，结下催熟的果实。可是，我们不是封闭得太久了吗？一旦开放，怎么挡得住八面来风，又怎么挡得住天地造化的时机！我原先以为，先锋文学带了一股子蛮劲，将到此为止分野明晰、目的清楚的文学潮流冲出堤坝，溃散了力量；多年以后，我似乎隐约意识到，就是这溃散，将各个运动的思想集合起来，或者说混淆起来，你中有我，我中有你。还是那句话，文学以破除而实现创造，即使取消，一旦进入虚构便又成为存在，甚至比真实的历史更要肯定，因为它脱离了时间的流逝，承载于另一种质地坚硬的载体，想象的记忆。

回首望去，那一段日子简直炫目。我尝试将事情一一排序，以因果为列，编年选显然也是为此努力。但依然不免交替错落，似乎能量在一瞬间爆发，已经不能确切纳入某一个概念。一九八八年二期叶兆言《枣树的故事》，下一年里苏童的《妻妾成群》，题材与写法都越出新时期文学的主流，倒是接近着更前代也更边缘的民国小说。从

"五四"继承而来的新文学理论都难以为其命名，似乎无法解释它的来源，因而无法推测预示着什么样的趋势。然而，它们的陌生和新鲜却触目地流连在视野，无法忽视。在这令人激动的困顿中，八十年代落下帷幕。

我想，下一个世代是接续和发展了上世代末的无名状态。王朔出场了，有人将其标以"痞子文学"；可李晓《叔叔阿姨大舅和我》又将痛楚从玩笑中打捞出来，恢复了严肃性；《老旦是一棵树》里，几千年不变的乡土变形了，再度瓦解严肃性；余华来了，再将荒诞拉回正剧，却推向地老天荒的远景，诡异的是，《活着》的那名流浪歌手似乎来自《动物凶猛》；然后是《接近于无限透明》，几乎没有任何准备的，世界进入抽象，之前所有的具体性在此演化成自然法则……你不能说事情完全断了连贯性，在纷繁的表面之下，一定有着某种潜在的关系，包含着更严密的逻辑。李锐，莫言，尤凤伟，这些寻根运动的领军人物此刻方在编年选中露面，却已是新表现。方方，池莉，韩东，被短暂地命名为"新写实主义"，我猜测，多少有些勉力而行，大约企图为他们笔下的市井图画作一个归纳。市民生活可说是"五四"以来文学的尴尬，或者成为新感觉派的颓废景象，或者是做左翼作家批判对象，在这时候却呈现出人生价值。"新感觉"这三个字其实不足为其定论，何况，写作早已经超出任何范畴，写作者也不愿驯服于概念的划分，兀自活跃变化，比如说阎连科，迟子建，还有毕飞宇，你说他们归谁？概念在积极修正和扩容，不时加进了东西，北村，李洱……依然无法概括漫生漫长的文学现象，于是，"新写实"也半途而退。这景象，令我想起作家阿城的一篇小说题目：遍地风流！

从编年选目录看，无论作品还是作家，都出现密集的状态，不再有独领风骚的人和事，取而代之的是四处揭竿。众声喧哗之下，也是能量分散。汹涌澎湃之势逐渐平息，激情和才华平均分配，可是从另一个角度看，这大约就是文学的常态。不再有过度抑制之后的井喷；不再有一代人和几代人的压缩换来另一代人的膨胀；不再有封闭之后的泥沙俱下，而是依着万物生长的规律，有四季更替，春种秋收，丰歉并蓄。大自然的运转有着自己的周期，盛衰相易，好比寻根运动提出文化的概念，如今已成泛滥，后缀于各种名词，又进一步演化成"国学"，促进外交战略。八十年代人性观，派生出利己，私欲，感官意识形态，陷入道德虚无，等待又一代愤怒青年起来反抗。分散的能量正在暗处聚集，认识也在酝酿之中，思想即便在那个禁锢的年代里都没有停止工作，现在就更不会休息，只是需要时间。从人类史的长度来看，十年，二十年，以至六十年，距离我们都不算太远，难免会有盲点，再等上一个十年，二十年，六十年，也许才能露出端倪。历史中的虚构轮回地递进，这也是虚构中的历史，它不是忠实，而是诚恳地我在，我看，我思，然后我写。《收获》编年选就其亲历亲为而记录下了这些。

二〇一三年四月十日　上海
（原为《收获》五十五周年编年选所作序言）

丰饶和贫瘠

——《知青回眸引龙河》序

　　读这些文章，不由想起我的知青生活，也是在同样的时间里，惶遽中辍学业，少小离家，从城市去到乡野，但经验大相径庭。文章中有一篇名为《神奇的"西伯利亚"》，多篇以"三百垧"为记叙，"北大荒""黑土地"字样随处可见，多么辽阔啊！在这样广袤的土地上，胸襟自然扩大了。而我插队落户的安徽淮北，田少人多，淮河年年泛滥，不停地修改着地貌，治淮的堤坝和土圩切割地表，阻断地平线，视野相当局促。站在堤上，极目望远，这里那里，一丛丛矮树，就是村庄，显出人烟的稠密。倘若到了湖里——我们那里将耕地叫作"湖"，呈见向河洼取地的农耕史，到了湖里，倘若忽略沟渠以及沟渠边的榆树不计，也许还算得上开阔，可是，很快就接上邻乡甚至邻县的地边。两地的割草的孩子，互相嘲骂口音，入侵领土，争地的械斗时有发生。村里的青壮把着铁器呼啦啦奔向湖里，气氛陡然紧张起来，就知道土地的宝贵。

有限的耕地一茬不歇地连轴转，统购统销的政策以主粮为重，副作物的比例极低，于是，无暇调节土壤，地力越来越弱，产出十分瘠薄。麦子稀疏，产量之低说出来只怕你不信。黄豆生长的季节，雨水总是及时赶到，淹成汪洋，这时候，湖里倒是一片浩淼，水平线划开天际。可这是顶忧郁的日子，愁云惨雾笼罩农人的心。一旦水退，裸露几处高地，赶紧补种一季荞麦。几十年后的现在，方才知道，荞麦是一种热能很低的粮食，这就能解释它短促而且迁就的成长期。播下种子，发出苗来，转眼花开，至今还记得荞麦花星星点点的白，仿佛带着怜意，到底驱散了些忧愁。一冬一春，以红芋面果腹，村落里壅塞着薯类发酵发霉的甜酸味，荞麦的来临，令人振奋。它散发粮食的正气，过深的颜色流露出低微的身份，也正因为此，它比高贵的麦面质地结实，更给人饱足。我想，它其实没有完全被文明驯化，性子还野得很，人拿它有点没办法。做饭的女人都挺怵它的，和面的瓦盆摔在地上碎成几瓣，手却抽不出面团。就有刁钻的婆婆，让进门第一天的新媳妇和一盆荞麦面，是考试，也是下马威。

所以，我特别为本书对伙食的描写激动，征集的文章又以写食堂劳动的居多，真是大开大合，轰轰烈烈，痛快地饱食，痛快地贪馋，如此朴素的满足唯是在丰饶中才可获得天地。单是树种，就有多少！蘑菇遍地，草甸子开满花朵，几可称作豪华。我们那里的植被却是单调而且稀薄，记忆中，多见的只有两种，一是槐树，一是榆树，这两种又都和生计有关。槐树的花是用来吃的，奢侈些的是炒鸡蛋，俭朴的使用是和面与煮稀饭，多少增添些量吧，更莫说那一股清香，苦涩中的回甘，乡里人寡淡的舌头比什么都灵。榆树长在沟边，女人和孩子捋下榆钱，多少才压得满一袋子，托路子宽的男人去城里药房换钱，两分还是五分，买盐，买火柴，和面的碱，小孩子的写字本。有一年，村里的小姊妹不知从哪里得到知识，兴起来养蚕。买来蚕纸，贴身捂在棉袄里，黑籽蠕动起来，变成幼虫，下到床上，这床可不是蚕床，就是人睡的床，说实在，脱胎到我们村的蚕也可怜，事事都是将就。眼看幼虫长大，一张床漫到两张，两张到三张，就再挤不出闲置的床了，我的床也被看中，硬是被挤到她们的被窝里，腾出来给蚕睡。如今真想不出那时候的匮乏，什么都缺。这还不是最缺，最缺又最关乎成败的是桑叶。姊妹们忍饥忍惯的，想象不到蚕的食量，原本乐观地以为，庄上湖里几株桑树尽够那些虫类嚼吃，大不了到村外头觅几株。村里的桑树很快被摘采一尽，四邻里的也采尽了，她们寻采桑叶的路途越来越远。收工后出发，天黑到底，才看见疲惫的身影渐渐走来，收获越来越少，终至两手空空。贫寒中挣扎活下来的蚕竟也吐出丝，结成茧，还是要托路子宽的男人进城去兑现，余下的蚕蛹则作了父兄的下酒菜。

畜类在我们那里也是寒苦的，我特别羡慕文章中写到的马匹。倘若家畜也有阶级，马大约可算最上层，贵族，由于征战而获取光荣名誉。牛和驴是自由民，凭劳动挣饭食立足；骡则是奴隶，连性和生殖的权利都被剥夺了。我们村没有马，也没有骡，只有牛和驴，这家畜的中层，劳动社会。它们下得苦力，也决不会受亏待。青黄不接的季节里，人吃政府返销的杂面豆饼，它们可是纯豆料，掺上当年的新麦穰——我百思不得其解今天农村为什么要焚烧麦穰，顺便污染了空气，在那时，麦穰可是金贵极了，知青政策规定提供粮草，秋秸豆棵还好，烧到麦穰简直是烧农人的皮肉，心尖子都疼，那可是牛的饭食。但当听说有往牛鼻子里灌水以增添体重，就知道农人对牛已珍惜不再，农业社会的伦理在塌陷，不知将被什么样的新文明取而代之。话说回我们村的牛，曾经有一任生产队长，因宰杀一头丧失劳动力的老病的牛受到除职处分。赶牛的把式都会唱，乡人称喊"号子"。那"号子"忽高亢，忽低回，忽悠长，忽顿挫。我们村有一个大哥，因我和他本家妹妹好，就跟着叫他大哥。大哥原先在乡剧团唱过泗州戏，声音好极了，我最爱看他平场地。日头底下，一头牛牵一盘碌，大哥领着牛转啊转，号子在午后的寂静中荡漾，多少喟叹和感慨，唱到牛心里去，也唱到人心里去，是要掉眼泪的。

北大荒引龙河的马大约是为先祖的罪愆受罚的后裔，它们贬入劳作的阶层，但到底出身有别，血统高贵，就还保持骑士风范。文章中多有写到马的，那奔腾之势令人向往，尤其写到受惊的马匹，仿佛瞬息之间唤醒骄傲的记忆，企图挣脱羁绊，超越俗世，天马行空。也是要掉眼泪的，但却是激昂悲壮的眼泪。

不仅是地域的差别，还有历史。北国边陲之地，马背民族逐水草而生，马前是丰盈草长，马后留下荒原。时间流转，荒原再生肥地，却不是当年的人和当年的马。在黄淮流域，却是多少年多少代的驻守，离乡背井的人，走到哪里都要回望。岁月积累的生存原则，维系着道德伦理的范约，难免是保守的，同时又是保障。我们那里的人，即便目不识丁，也深谙儒家大义。比如，从不语怪力乱神；比如，闺阁中的女儿谨言慎行，再调皮的后生也不敢轻慢；出殡的仪式我想是脱胎于周礼，白幡摇摇前领，子子孙孙络绎不绝，荒寂的田野里，男声女声的哽咽高唱低吟，刹那间醒悟，这呜咽不就是古制里的"乐"？我们的村庄，我永不会忘记，离开了就再没有回去过，可是依然不会忘记，它的名字叫做大刘庄。庄里刘姓人为众，也为尊，现代社会的行政制度重新划分了权力和权威，但依然潜在以血缘宗族为基础的阶级秩序。

北大荒是新土地，来到的是新人类，拓荒，戍边，还有罪贬，文章中所记述的农场也是法律惩戒者草创。我觉得有一件事物极能体现新气象，那就是拖拉机，拖拉机代表着集体化的大田生产，是公有制的象征。六十年代进步青年中流行一本苏联小说，名字叫作《拖拉机站长和总农艺师》。作家王蒙著名的小说《组织部新来的年轻人》里的年轻人，就是携带着这本书报到中共组织部领职上班。我插队的人民公社也有一个拖拉机站，奇怪的是，我从来也没见过一辆拖拉机，相反，我们经常使用原始的生产方式，就是人力，拉犁，拉耩，拉耙，拉车，我唯一见过的拖拉机手是在极其特殊的情景下。

那是在政府严厉执行知青保护法规的时候，拖拉机手和女知青的隐情不慎间暴露，一段风流韵事即定性为政治事件，罪名是欺凌女知青，破坏上山下乡运动。于是，公社组织批判队巡回十里八乡斗争，虽然很丢脸，然而形势之下都可判死罪，想来是出于乡里乡亲，进行多少回变通，轻罚得不能再轻罚，也就没什么可怨艾的了。乡里人婚姻早，年轻的拖拉机手已有三个孩子，因不是出体力，就更显得后生，而且白净。他面相端正，身体匀称，衣着呢，相当整洁，一身蓝卡其的工作服，当然不像农人，也不像知青，知青多半是落魄的，总之，看上去，他处境优越。即便在尴尬之中，表情也还从容，只略带羞赧，反给他增添几分稚气，不难想见女知青对他倾倒。白天行路，晚上批判，夜里不能入眠时，就会伤感，因对不起老婆，老婆为他上吊，差点死成，败露了事由，他还想孩子，最想那小的，"爸爸、爸爸"地喊他，间或回味起女知青动情之处，收了眼泪，神往说道：她那褂子薄得，胸罩上的针眼都看得见！这就是我们那里拖拉机手的故事，带有明清传奇的风气，将时代隐逸了。

在这陈旧的人和事里打滚，免不了地，会变得灰暗，与此同时呢，生出对人世的体悟，那是与之前书本上的教育完全另一路的，倒意外规避了教条的人生。在我插队的第二年，十七岁生日时候，母亲送我的礼物是苏联小说《勇敢》，描写苏维埃时代开发远东建设共青城的故事。母亲是为激励我对付艰困，事实上，书中的景象与我身处目睹完全不搭。我独自一人来到腹地乡村，因吸取兄姐们插队的经验，先期避免上调招工的争夺，我单立门户，真正符合知识青年上山下乡，接受贫下中农再教育的精神。和乡人共同起居，沉浸于他们的生活，心情十分寂寞。有一回在玉米地锄草，当人问及想不想家，止不住地啜泣起来。一群小媳妇全陪着掉泪，她们哭的是被纵容的做闺女的日子一去不回，听起来也是不搭，哪里和哪里啊！可内里却有几分相似，都是离家；都是陌生的村庄和陌生的人，在她们，甚至连身边那个男人都是陌生的；都是艰难的生计。谁不是父母生父母养呢！过许多日子以后，方才体悟这同声相诉、同声相泣中的知己之心，在当时，却是委屈与怨怼，怨这同情将自己纳入她们那样的人生，那是我无论如何不能面对的。

过早走入人世的哀戚，是有危险的，它让人染上抑郁症，终身难以彻底治愈。它确实给予生活的教育，可代价太大了，不能因为成熟了某一种理念而忽略更大多数命运蹈入不幸。回首那段往事，我会想，倘若先知道后来的发展，并不像预期准备的那样无望，我会更充分地体验经历，不让烦愁遮蔽眼睛，然而隔岸观火就失去真情实感，启蒙也变得虚假。这就是现实的时间性，事情的先后都是安排好的，给你什么样的顺序就是什么样的结果。

黑土地，北大荒，却是与母亲送我的《勇敢》接近着，所以有人称它"西伯利亚"。知识青年聚集的农场更像是学校生活的延续，保持有集体和理想的激情，歌哭都是浩浩荡荡，不像我们，青春在哀容之下，迅速苍老。然而，人生的课题或迟或早都会来到，来得早历练也早，来得晚，多享一些未成年的快乐，却也可能错失成长的时机。这么说来，就扯平了，生活在总量上都是同等的，只是如何分配不同。文章中有一篇写到，宿舍屋顶坍塌，几十个女生被埋，经过救援，将伤者送进医院，作者忽写道一句："难道我们真的还要在这片黑土地上无休无止地折腾下去吗？"这个清醒的发问标明即将告别青春，大历史的传奇性终要消退，余下的是由个体自己负责的命运。辉煌的场面逐渐灯火阑珊，生活裸露出恒常表面，也许是黯淡了，但自有其合理和规范，是社会存在的基本秩序。

去我插队地方的路途是，乘火车到蚌埠，从车站到码头登船。反过来也是，坐船到蚌埠，再搭乘火车。蚌埠是京沪线上的大站，往来车次很多，我们搭乘最多的是上海和"三棵树"之间，我至今也没有去到过那个叫作"三棵树"的地方，听名字仿佛一个传奇。年节时候，火车经停蚌埠站，车上已座无虚席，挤满黑龙江的知青。中途再上去我们这些安徽的，只能跻身走道和车厢衔接处。行李架也让他们占满，饱满的旅行袋里多是北方食粮，甚至还有成捆的木材，相比之下，安徽知青的行囊可是瘪多了。就这样，我们带着各自的经历和气息，殊途同归，一起抵达家乡上海。

二〇一四年三月五日　北京

之子于归，百两御之

——黎紫书《流俗地》序

倘我给黎紫书小说《流俗地》起名，我就叫它"银霞"，这两个汉字有一种闪烁，晶莹剔透。而且，要知道，书中的她，是一位失明人，应了看山不是山，看水不是水。好像卓别林的盲女故事，题为《城市之光》。

马来西亚华语写作，先天负荷了重大命题，民族与国家，母国与母语，他乡与故乡，政治与经济，宗教信仰，民情风俗，几乎处处裂隙，一步一个雷。在这里，我指的《流俗地》，所有的冲突归于常态，不是说消弭对立，也不是和解的意思，"五一三"事件，谈即变色，但是有一个覆盖性的存在笼罩全局。以"宿命"论，太过抽象，相反，样样件件其来有自，发生于具体的处境。放大了看，或许与上述的历史宏伟叙事有关，可是，到了"流俗地"

却降为人世间。我想，书名大约正起自于此。

小说开篇的九月，先后络绎接续公众假日，可说为这南亚国家公民社会写照。月初是中国夏历七月半中元节，旧俗叫作"鬼节"，听起来颇有些阴惨，民间地方多有放河灯送别故人的仪式，却是绚丽的；重叠在公历八月三十一日独立日的四天连假上，纪念性质的节日多半没什么色彩，但歇工总比做工好，商场、餐馆、电影院，人头攒动；紧接着伊斯兰"哈芝节"，杀鸡宰羊，又是一片热火朝天；波涛稍息，"马来西亚日"来了；过桥到周末，不日内，迎头回历元旦……轰轰烈烈。这是正统主流，黄钟大吕，草根庶民中，又潜藏着多少小信守，小祈祝。比如，何门方氏向九天玄女庙娘娘问觋——这个"觋"可是来历深，都上溯得到夏商周，春秋《国语》"楚语下"中有解释："在男曰觋，在女曰巫。"马来西亚的华文，仿佛语言的飞地，规避了原生地的鼎革演变，得以保存天地之初，黎紫书写到女大当嫁的年龄，用了一个词"摽梅"，让人直接想到《诗经·南召》的"摽有梅"。但无论哪里，生活总是动态的，何况离土离宗，难免杂糅，那娘娘庙风格相当俗艳，大约是热带的风情，加上闽广一带的财富美学，又采纳异族人大开大合的色调，用作者的话，仿佛"农历新年拍贺岁片的场景"。何门方氏为儿子大辉驱邪，请来的"铁面方士"，行状类似武师，"黄黑道袍""八卦九梁巾"，也许是戏服，法器丁零中念的咒语，"不知说的是粤语抑或是客家话"。仪式的过程极其漫长，与其说启动神灵，毋宁视作恫吓，奇怪的是效果不错，正所谓"信则灵"，就有了现代心理学的成分。

在这片多神论的土地上，同时又是祛魅的。收养流浪猫的印度邻居，父亲离家出走，母亲赤手空拳喂养一屋子的吃口。终于有一日，当了女儿的面，将新生的一窝猫崽灭了。灭杀本身还过得去，银霞也没有杀生的忌惮，但手法和表情却是心惊。女儿们注意到，"母亲那几天也都用同样的一双倦眼凝视她们家的小弟弟"。印度人都有天地观，但天地却太遥远，遥远到渺茫。换了儒释道，也是一样，远水救不了近火。何门方氏问觋得来的音信，或者以问作答："不是梦里和你说清楚了吗？"或就是诱供式："她心里最清楚。"所以，人都有一颗现实主义的心。这方面，马票嫂替近打组屋的人生树立起榜样。先是为南乳包进"豪门"，再求保护伞走江湖，她自谦上梁山，然而，某些症结，就得入偏门，细辉的哮喘不是烟花巷里的一帖药断根的？马票嫂自小想做先生娘娘，不料却是压寨夫人，然而，前后左右，男人堆里，就她这个"烂嘴乌鸦"善始善终。狙击旧姑婆的骚扰，帮新岳家翻屋起房，养前后儿女，扛大小事务，最要紧的是，寿终正寝。近打组屋里的当家人，一是如歪仔，载重卡车倾覆山里，人货两空，顶梁柱拦腰斩断；二是老古和叶公的苟活；莲珠不惜以妾身投靠的拿督冯，拿督的头衔由皇室钦定，政府首肯，从此换了人间，更上层楼，到头还是做了弃妇，半途而废；大辉呢，新人走老路，亲不奉，子不养，又一轮抛家弃口！放眼望去，遍地孤雏，到处都是母亲的"倦眼"。即便在这郁闷的俗世里，依然有一些庄严的时刻，呈现出光亮。莲珠和侄媳叙说家常，提醒道："蕙兰啊，你让大辉去走夜路，不怕风险吗？"回答是："我不知道为什么这么喜欢大辉，我真的很爱他。"黎紫书写道："蕙兰用了'爱'这个字，这叫人多么难忘！"这个"爱"，让不堪的遭际变得可堪或更不堪，可是，它到底拓宽了精神，使逼仄的人生有了转余。细辉做主替侄女儿春分担保借贷的一幕也是隆重的，手笔阔大，动作张扬，不只向强势的太太，更向自己，挑战他大半生的屈抑。浩浩荡荡一众人先去银行，再到饭店，点一满桌鱼肉荤素，豪迈地向个人盘中布菜。他向来被叫作"孱仔辉"，之前唯一的反抗就是拒绝给哥哥大辉下楼买烟，可他也是有心气的，此时此地又做了叔公，虽然叫叔公的人是私生。这一点微末的骄傲几乎是拼力争取来的，在座都觉得"古怪"，不像原先的他，倘若有双旁观的眼，就是含泪的。更替了代际，下辈人不能都像大辉，重蹈上辈覆辙。不是又一届大选来临了吗？大选即是政权交替，也是历史晋级，周期性的演变，保不定变好，至少有试错的机会，下回再掉头。

死亡依然没有放过新人类，自然循环总是硬道理。拉祖死了，但死得轩阔响亮。身为律师的他，秉持公正，与黑恶积怨，遭杀身之祸。巴朗刀下血如泉涌，掌下的笛声响彻夜空，将三十六年华的天赋集于一刻，作最后的怒放。他，细辉，银霞，人称"铁三角"，拉祖和银霞最对得上话。两个亮眼人下棋，结果，细辉出局，变成一明一盲对弈。拉祖的偶像，反对党印度头领卡巴尔辛格，有"日落洞之虎"英名，这"日落洞"大约是印度教里的圣地，银霞不认识卡巴尔辛格，却喜欢这个别称，因为——"它让我想起百鸟归巢，万佛朝宗"。他俩专有一个问答游戏，打禅语似的，拉祖问："迦尼萨断掉了哪一根象牙？"银霞右掌举起作象头神的手印，答："断了的是右牙。"这印度教中的智慧神，画像张贴在拉祖家经营的理发店，他们三人打小在它底下的小书桌上玩耍。前店后家的斗室，有点像神庙呢！檀香，茉莉花，酥油灯，薄荷，还有女人头发上的椰子油鸡蛋花，丰饶的繁荣的空气。拉祖的母亲解释迦尼萨的断牙，象征为人类作的牺牲，她肯定地说，凡有残缺者，前世必定为别人牺牲过了！不免联系银霞的天盲，小孩子的嬉耍就变得肃穆。和那两个相比，细辉不免平凡了，可是他有善心，亦可算作有德行。校际运动会，拉祖跑步第一名，细辉比他自己还欣喜，捧着大钟楼形状的奖杯急步上楼，送到银霞怀里，真就是借花献佛，心无杂念。人们看他与拉祖死党，叫他作"细辉-拉布之子"，好比中国人改了宗族，他不视为轻蔑，依旧欢欢喜喜。他读《象棋术语大全》给银霞听，银霞后来居上，占他的先，他也只有欢喜。还有《大公伯千字图》，乘法表，语文书，直读到《万字解梦图》，生字太多，不可解也太多，到底慧根不深，终于读不下来，两人间的功课暂时歇止。时日久长，不期然中，这头断开，那头续上，就是在"镇流器"这一节上，细辉又给出一把钥匙，启开暗门。银霞方才知道，凡有镇流器的"哀哀鼓噪"，便是光。"哀哀"两个字用得好，就像迦尼萨右手结的手印，那一声"唵"，是宇宙初始之音，从此揭开蒙蔽，悲欣交集，迎面而来。二月二大伯公诞辰的日子，银霞难得一次随莲珠姑姑赶会，四下里的人多散开了，剩她自己坐在天光戏台底下听戏。小说写"台上一男一女都老态毕露，脸上的妆却画得潦草，身上穿的戏服红的残绿的褪，亮片掉了不少，断线仍挂在原处……"就是这"哀哀"的人世间，银霞则像是侧耳聆听的菩萨。

我最感动他们三人手牵手走在路上，罗汉护观音似的，没有芥蒂，没有罅隙，混沌一团天籁，简直要飞上天去，却又落回地面，做了俗人，还是要依着岁月长大。是日复一日，又仿佛一夜之间，现实的说法就是契机吧。中五会考放榜，拉祖获好成绩，富亲戚赞助奖学金，让他去都城受高等教育。临行前，细辉提议饯行，银霞觉着小伙伴流露出"人情世故"，可她自己不也是吗？因不满莲珠姑姑抢着做东，话带机锋，莲珠说："以前你好纯朴，才不会这么说话。"人在红尘，总会染上烟火气。马票嫂给她介绍营生，编织尼龙网兜，供水果贩套柚子，手里做着活计，耳朵听收音机里的广播剧时代曲，还有串门女人嚼舌头。后来到了"锡都无线电德士"服务台接电话，小姊妹头碰头唧哝，司机大叔言语来往，多少有些"欧巴桑"的风格了。但银霞终究是银霞，世相之下自有一颗智慧的心。她能将锡都的街巷道路全画在记忆里，临空俯瞰，线路上是奔生计的甲壳虫，等待普度似的听着呼叫机里传出号码。

此时此刻，我们都不知道，银霞已遭一劫，可谓劫后余生。于是，就要说到点字机这个物件。也是靠了马票嫂的介绍和游说，银霞得偿心愿，进了盲人院。盲人院主旨教授谋生技能，不外编织一类，藤筐藤箩藤篮，识字习文在其次，银霞却偏中意此项。接触盲文，好比开启一重天地，真有振聋发聩之势。她在点字机上写下无数文字，写给拉祖，写给细辉，因他们看不懂，就也不递出，渐渐积起一大摞，最后被母亲悉数送给拾荒的老夫妇，和着一车废报纸、玻璃樽、塑料瓶，消失在阡陌纵横的街巷。这幅图景也近似苦海普度，释迦牟尼王子披头跣足，箪食瓢饮，随众生行走。银霞遇袭失身发生在点字机室，是有意味的，意味受罚。仓颉造字，天雨粟，鬼夜哭，也是犯上之罪。希腊之神普罗米修斯窃取火种，被锁在高加索山崖。人类文明进化就是要付出代价，中国人的话就是天谴。

银霞总觉得自己是看见过这世界的，就在落地时的一瞬间，睁开双目，随即闭合，越坠越黑，黑到底再渐渐亮起，好像创世纪，就看她造化了。世人都在帮她，从生计入手，编织网兜，进盲人院，无线德士台呼叫，亦是现实的修为。小时候，邻里大哥问细辉会不会娶银霞，虽是一句戏言，难免有几分触动，至少在她母亲存了心。后来的丧失，一是细辉结婚成家；二，大约还有银霞的事故。妹妹银铃的喜宴，宁可坐席空着，也不邀细辉一家。银霞纵然有种种解释，不抵马票嫂一句"亲家梦断"，击中症结；再有一句"细辉和你是不会走在一起的"，却带有谶语的意思了。马票嫂其实是个禅家，修的是人间道。如此厚密的发小，终也抗拒不了离散。随着科技进步，人们多用手机软件召车，德士电调稀落下来，都能看得到的将来，银霞大约还是回到自家公寓里编织网兜。没有了母亲，又迁到独立单位的美丽园，不会有串门的女人絮叨，单听着广播剧，真是寂寞啊！可是，谁也没有注意到潜在的机缘，包括银霞自己，都不曾留心。拉祖带来的《象棋术语大全》；秋千架上跌落，疾步趋前援救的老师；那只白昼叫疤面，夜晚叫普乃的猫。不期然间，顾老师现身，说实在，难免是突兀的，让人手足无措。我不以为黎紫书临时起意，非要来个"HAPPY ENDING"，更可能是精诚石开，绝处逢生。

我喜欢"旧约"里"路得记"一篇。伯利恒的女人拿俄米一家去到摩押地，丈夫死了，大儿子死了，二儿子死了，留下三个寡妇。拿俄米决定回家乡，让媳妇们另觅他途。大媳妇听从了，挥泪而别；小媳妇，就是路得却执意跟随婆母，来到伯利恒。拿俄米说："我满满地出去，耶和华使我空空地回来。"族里有个富人波阿斯，来到城门，请来长老，召集众亲，代售拿俄米夫家的土地，条件是娶路得为妻，"使死人在产业上留存名"。无人应答下，波阿斯即请在场者见证，他买地娶路得并在产业上留存死人的名，"免得他的名在本族本乡灭没"。再后来，"路得记"写："耶和华使她怀孕生了一个儿子，拿俄米作了孩子的养母，从此代代相传，生生不息。"银霞就是路得，眼看山穷水尽，回眸却柳暗花明。

　　与顾老师之间，悉数清点，确有不少邂逅，但关系中的嬗变则在电梯内禁闭的时刻。陡然降临的漆黑一团，却是银霞的大光明，她说："欢迎你来到我的世界"。这一刹那，几乎有神谕的意味，二人破壁相同，同在一维。盲人院点字机室内的不堪回首，此时道出，无半点戚戚之色，相反，坦坦荡荡。话说完了，灯亮起来，电梯运行，回到普天下。仿佛洞中一日，世上千年，是修过了的，称不上得道，但得一知己，三生石上重逢，故交变初逢，一切从头开始。

　　那投票日里，四方集拢，为德士电召站小姊妹饯别。满街人潮，挤爆店肆酒楼食档饭馆，虽不是银霞顾老师的假期，可这一对，煌煌的烈阳里，乘着"莲花精灵"——这款车的名字也真好，不知道写书人有意还是无心，更像信手拈来，多少的旖旎，繁华，喜庆，吉祥，飘飘然，施施然。车水马龙，前呼后拥，成众星捧月气象，照耀了颓圮的市廛。

日头西落，尘埃落定，寂静中，出走的普乃复来到银霞怀中，事实上呢，是银霞去到疤面巢里。普乃和疤面本是同体，半明半暗，茫茫人海中走失，如今合为一整个昼夜，功德圆满。

二○二○年八月十四日　上海

辑二

　　写作人往往度着两份人生，一份真实，一份虚拟，这
两者又互相介入，互相作用，厘清边界，是为了再次坠入
混沌。

在讲述者的心中，总是有着一个聆听者，一个听故事的人，你渴望吸引他的兴趣。这个人随着生活的演进更替，产生于某种契机，似乎是出于偶然，可是你却发现，他越来越接近你的初衷，所以又像是必然，其实他谁也不是，就是你自己。是从你自己的欲望里虚构出来的一个人……

写作者的历史

——茹志鹃《她从那条路上来》前言

母亲茹志鹃的长篇小说《她从那条路上来》的上卷，写于一九八二年，在《收获》杂志全文发表，又由李济生先生责编，上海文艺出版社出版。事隔十八年，母亲去世，我在母亲遗物中找到中卷的三万字草稿，整理之后，承《收获》成全，续发表于一九九九年四期。现在，郏宗培先生志愿担任责编，由上海文艺出版社充实新版。我曾就此长篇的残卷写过一篇文章，名《从何而来，向何而去》，尽我所能知道，说明关于这部长篇的背景，也一并收在这本书的附录部分。后来，我还找到母亲零散在笔记本上的写作提纲，我请我的助教，复旦大学中文系硕士二年级学生陈婧绫同学誊抄出来，附录在书后。

从提纲中，可看出一些小说往下发展的模糊踪迹。小说写到也宝逃出孤儿院，流浪街头，无奈栖身于妇女补习学校门口，接着又在了其间的女生宿舍，然后便不知所终。提纲则透露了妇女补习学校的若干细节。看起来，补习学校的主要成员有这么几位：家境富裕，却不快乐的徐黛俐；年轻舞女，结局似乎是失踪或者自杀；老舞女，命运不济倒能安之若素；逃难来上海的小地主女儿；还有一个神秘的"秦"。哥哥的好朋友刘圣荃在未来的情节中，似乎越来越起担纲的作用，每当也宝陷入绝境，他总能拍马赶到。也宝从孤儿院出来，走投无路，"在冲向电车的刹那，看到了圣荃"；是刘圣荃给她出的算术题"租界的租费多少"；也宝的爱情，也是从刘圣荃开始。而提纲中又有一个人物，似乎也要担起引领也宝的任务，就是"张德音"。"张德音"在提纲中，有一点像耶稣呢！可是，后来他终于没能在小说中登场。

附录里，我还选入母亲的四篇散文。这四篇散文都是描写母亲童年与少年时期的生活。放在这里，也是为了弥补小说未完成的遗憾，它也许能提供一点小说未来发展的线索，可以视作素材。因母亲的长篇，确是自传体的性质。散文《紫阳山下读"红楼"》中的场景，显然是小说里面也宝与哥哥奶奶寄居的、刘圣荃家那个大杂院，奶奶，就是在那里逝世的。在小说的中卷，也就是残卷里，也宝从姑母家奔出，又回到了这个大杂院，度过日本人占领杭州的一段时日。一九八五年的时候，我出差杭州，专门往紫阳山下寻找这个大杂院。那一带民居的格式已经改变，居住者也是年少辈的，找不到一个可能经历过当年的长者，没有人知道那里曾经有一个老人带着她的幼孙挣扎着生存，然后逝去。可是紫阳山还在，却也不是小说或散文中写得那样旷野。最后，我们在它底下一座公园里玩了半日。母亲与聂华苓老师互通的两篇《爱荷华小简》里，比较详细地叙述了从出世到成年的经历，尤其是写于一九八五年四月十四日的"小简"，说的正是孤儿院，以及出孤儿院之后的日子——妇女补习学校，而后圣诞学堂。在妇女补习学校里，同宿舍的女生，有一位郊区小地主女儿，新老两名舞女，另有一名神秘的女子，带母亲不买票就进去大世界，那些白相人都朝她打招呼，"而她则微微颔首，连正眼都不看他们一眼"。小地主女儿，新老舞女，直接写进了提纲，后一位，大约是"秦"。再有一个不住宿舍的走读生，"有钱的小姐"，就是"徐黛俐"了，但在提纲中，她也住进了集体宿舍。这样，提纲里的人就全对上了。在这里，关于租界的零租费的情节也有，但不是出自刘圣荃，而是一位"怀了孕的女教师"的算术课。这些，就是未完成的小说情节的基本原型吧！关于圣诞学堂，母亲写有这样的字句，"读书之余，就看老师们闹同性恋"，于是，提纲（五）中，第七节，"去徐家过夜，电话点唱，徐火烫的身子，逃出徐家"，就有了出处。《爱荷华小简》，是一九八三年秋季，在美国爱荷华城，母亲和聂华苓老师聊天时聊出的余兴节目。当时，母亲正在写作《她从那条路上来》的中卷，回国之后，母亲却停下了长篇，写起了"小简"。是不是忽然间，虚构的小说不能够满足母亲讲述历史的欲望，便转向直接地倾诉。而"小简"往来两个回合后，聂老师却要收住，因她觉得，"小简"中的许多内容，她想放进她正准备着的长篇，不舍得零碎用去。不久前，我读到了聂老师在天津百花文艺出版社出版的自传《三生三世》，这大约就是那个写作计划吧！看起来，"小简"并不能够满足聂老师讲述历史的欲望，她需要有更大篇幅的容量，母亲却从此中断了她的讲述。

　　散文中的最后一篇《我能忘吗？》，所描述的情景，在小说中发生在草鞋岭。我所以选编进这一篇，一是将它视作素材；二是因为，这是我母亲生前写作的最后一篇文字，发表于一九九八年四月十七日《新民晚报》，同年十月，母亲去世。

我们现在只能从提纲和素材里，揣摩小说未来的进行。于我来说，也是追寻母亲的隐没在浩瀚时间里的历史和写作。这是我所以要选编这本书的目的。

为这本书，我专门去母亲生活过的地方拍摄照片。母亲出生在永年路上的天祥里，十二年前，我曾去过一回，街道和弄堂都还保持着整肃的气氛，今天显见得圮颓而且拥挤了。沿街的房屋多已破墙开店，包括我母亲当年的居所三号，开的是一爿果蔬店，也算不上店，只是在后门口摆了几箱果菜，烈日下，已有了腐味。墙和门窗都朽了，前弄里又搭出水斗披厦，头顶上是晾晒的万国旗般的衣衫。因是暑天，弄里弄外，壅塞着赤膊的男人和穿了睡衣裤的女人。但是，在这条破败的老弄堂里，却保存着一种旧有的生活方式。比如，弄口的锁铺，锁匠悠闲地看一本破书；过街楼下坐在竹椅上的老人，全神贯注地享用炎热中微弱的一袭凉风；收旧货的在弄内穿行。而且，满耳沪语。我走在弄堂里，引来的目光，不由令人生怯，不敢再进一步深入和问询往事。我感到我不知道什么时候，已经远远退出本土化的生活，变成一个没有原籍、没有家乡的人。母亲曾经寄居的姨母家，是我小学时候经常去的区少年宫，至今也还是，星期六的早上，一些器乐班正在开课。我在小卖部买了一瓶水，顺便向小卖部的女人询问这房子有没有动过。她回答说完全原样，问我是专来拍摄这房子的吗？我说我母亲曾经在这里住过，她就说，是朱葆三家的亲戚啊？又说朱家的人每年都会过来看看，当然，已是孙辈的了。以马内利孤儿院据母亲文章里写，位于愚园路。我请陈村先生帮助上网搜索，竟也找到了六十多年前这个小小的、设在弄堂内的孤儿院，院址上仅只写了"镇宁路"三个字。所以我猜想它大约是在愚园路、镇宁路口的一条长弄里，因这条弄堂的弄口在愚园路，横弄却又对了镇宁路。不过这只是猜想，无论是愚园路，还是镇宁路，都不知变迁几多，数年前还是林荫小街，如今已开成通衢大道，车水马龙。关于妇女补习学校，母亲记忆中的位置最为肯定，雁荡路的复兴公园门口。当然也是人事皆非。再有圣诞学堂，母亲说是清心女中旧址，而我小舅舅，就是小说中那个"颐宝"的原型，他记忆里似乎是在一个小教堂内。从清心女中，今日的第八中学过去不远，果然有一座基督堂——清心堂。一早，几个中老年妇女就在洒扫庭除，因次日是礼拜日。我向她们打听清心堂有没有历史方面的文字记录，她们一律严肃地望着我，然后问我有没有受过洗。我惭愧说没有，她们已经不屑，我却再要紧问，告诉说我母亲在这里念过书，她们又问你母亲受没受过洗。我说也没有，更感惭愧。她们就说那怎么会来这里念书，我极力解释，她们也无信任，指了黑板上的名字说，你或者去问长老，长老明天会来礼拜，可是——她们严正指出，做礼拜时，长老不能见客亦不能接电话，神的事情，不是人的事情，不可有一点点马虎！我只有唯唯答应着退出来。

图片里，我还放进有我一九八五年在杭州寻访母亲老家，在普安街旧宅的照片。就是母亲"小简"中说的，被她父亲败掉的老宅。其时已住进二十五户人家。当时从典当行里，买下我外祖父三不值两典掉的房子的业主后人，一位徐姓老伯，坚守一般住在主楼中的二楼房间。我问他能否拍照时，他拒绝道：又不是你家的房子了，拍照有什么意思？陪我去的朋友说，就让她留个念吧，于是拍了这张。后来，一九九五年时，我还去过普安街，老宅已经拆去，但整条普安街却尽是丝茧买卖，是又回复了我曾外祖父时代的旧业吗？当时，普安街就有我曾外祖父丝土行，字号为"茹生记"。图片中，又有一幅字迹，是我外祖父所写，是他写给长子、我的大舅舅的一份文字。全篇为他的败迹开脱，然后附一份债主的名单及所欠债务，让我大舅舅立业之后为他偿还，全是赌桌上的欠债。我不知道我大舅舅后来有没有还上这些滥账，但知道大舅舅略成年时，将一直存放于绍兴会馆里的母亲灵柩移出，安葬连义山庄。我也是在我母亲的遗物里找到这份手迹，它是我的祖辈留在这世上的唯一遗物。

关于《她从那条路上来》的原始材料，我可能用得太多，这会不会使人觉得这是一部真正的自传，因而忽略它的虚构性质？所以，为强调它的非纪实性，我特友情邀请施大畏先生为小说作插图，而我又要求是写实的画法，甚至希望"也宝"的形象与母亲接近，是一双长眼睛。施大畏先生安慰道：这你放心，我向来是画长眼睛的！这就像一个两难处境，我既要表明《她从那条路上来》与母亲真实生活的关系，又要表明这是虚构的存在。因为我是母亲的女儿，总是不懈地要了解母亲的历史；还因为我也个写作者，我知道虚构也是写作者历史的部分，这是我和母亲共同的命运。最后我再说明一点真实与虚构的关系，长篇中主人公叫"也宝"，母亲的乳名则为"芬宝"，行五，是外祖母继四个男孩之后，生下的唯一的女儿，也是最后的孩子。

二〇〇四年八月十日　上海

（茹志鹃《她从那条路上来》，上海文艺出版社二〇〇五年四月版）

《遍地枭雄》后记

倘若多年前，阿城的小说《遍地风流》不那么著名的话，我的这个长篇，就要叫作《遍地风流》了，当然，此"风流"不是彼"风流"。"枭雄"的意思多少要狭隘一些，也直露了一些，但还切我的本意。我本意不止是指那四个"游侠"——"遍地枭雄"这名字真有些像武侠小说，其实我并不热情武侠，总觉得武侠是另一路数，石头缝里蹦出来的，当属神仙志怪；但要是从现实出发，想象武侠的前世，也当是在你我他的世界里，不知怎么一脚踩空，跌进异度空间，比如那个叫作"江湖"的地方——我本意却不仅在此，更在"遍地"这二字，就是说处处英雄业绩。当然，这"英雄"也不是那"英雄"，这"英雄"大约可用"大王"这个人作说明。"史记"中写商鞅，听说秦孝公求贤，便找路子晋见。第一次见，说的是"帝道"，秦孝公边听边打瞌睡；第二次见，讲的是"王道"，秦孝公虽然也没用他，但态度好了些，以为此人尚可对话；第三次，商鞅摸准了秦孝公的心思，摆出了"霸道"，结果一谈谈了数日。秦孝公道出心里话，帝王之道费时太久，我等不了，"安能邑邑待数十百年以成帝王乎？"于是用了商鞅。大王就是崇尚霸道，当然不能是秦孝公，"大王"不过叫叫罢了，只能自领了那三个小枭雄，也不能像古时的侠客云游天上，而是在地的隙缝里流窜，最终还是落入窠臼。

由来已久，我想写一个出游的故事，就是说将一个人从常态的生活里引出来，进入异样的境地，然后，要让他目睹种种奇情怪景，好像"镜花缘"似的。我还进一步设想过，一名老实的职员，忽被前来索讨债务的债主劫持，当作人质，带他离开从未走出过的城市，踏入另一个世界。这只是一个故事的壳，壳里面盛什么，心中却是茫然的。后来，看了日本作家安部公房的小说《砂女》，也是被引入异样境地的遭遇，差不多是同种类型的壳，虽然壳里的东西不尽相同，可因为壳的外部特征太过鲜明，不禁有熟腻的厌倦，便没了尝试的兴味。其实，故事的壳多是大同小异，有些壳可说一二百年地使用着，却并没有磨蚀光泽。比如说一个男人和一个女人相爱，像亚当和夏娃；比如说一个人杀死另一个人，像"奥赛罗"；再比如说一个人要从死亡里逃生，像"舍赫拉查德如是说"，这些模式演绎出多少故事，至今不使人生厌。那就是说，这些壳容量大，虽然器型简约，可唯是简约才可纳入丰富多样的内容。而器型太过复杂精巧，所容纳的物体反要受限制。于是，我便把那个"出游"的壳放弃了。然而，壳里面却似乎有一种物质依然兀自生长着，而且有壮大的趋势，那就是"遍地"的景象。

二〇〇三这一年，我走过两处废矿。一处是浙江临安，大明山里的钨矿。四十多年开采，矿藏已经殆尽，余下破碎的山体。从铁轨的路基，涵洞，岩壁的横切面，可看出当年雄伟的生产劳动。就在这矿山的残骸上，开辟了旅游景点。我将这一处废墟作了小说中的场景，让"游侠们"藏身其间，因这里有一股绝命的空气，很适合作逃亡的终局。场景就和人一样，具有着不同的性格，有的平淡，而有的却色彩强烈，你走进去，就会觉着四周围偃息着无穷的声色，不知什么时候，一得契机，便奔涌而出。你禁不住要为它设想故事，有关过去和将来，这就是场景的戏剧性。我要说的第二处废矿，是在马来西亚，西马的东海岸城市关丹，附近的林明锡矿。英国人在此开采一百年，运走无数锡锭，最终弃下一座空山回家了。进入这个小镇，情景忽就变得不真实，挤挤的房屋——外壁多涂有鲜艳的漆色，是热带居民的喜好，房屋里没有人，是一座空城。犹如从天而降，一间水泥二层小楼却传下《红梅赞》的歌声，原来是华人的同乡会馆，正唱卡拉 OK。矿里的工人多是上世纪初来自中国南方，然后世代相袭，在此繁衍一百年，就好像一个中国的小社会。甚而至于，上世纪六十年代，这里也组织了毛泽东思想宣传队。又当我问起当年，镇上会不会有妓女，人们回答：你说的是流莺？那有！"流莺"这个词，且带着旧式的风尘，也在这里伫步，积压起语言的考古层。矿已封闭，山坡上的入口被疯长的植物壅塞，昔日的运输码头早就颓圮，河流上横贯一座吊桥，一名工人正在修补桥板。为了让我放心走过，他耐心地拖过一条条木板，盖住漏空。我想他是喜欢有人来，与他搭讪说几句话。这条河很像电影里看见过的湄公河，所有热带的河流大约都一个样，掩在茂密的树丛里，有一种丰饶的荒凉。不消说，这一处场景也充满了生动的性格感，它几乎要发出声，它要讲述什么故事呢？我想说的是，这一年，我无意走过两处废墟，这就好像是一种命运的排定，还像是，要为我这一年的旅行和生活规划一个背景，一幅"遍地"的景象。

　　就这样，这个"游走"的故事又来到面前，但已经从那个形式的壳里脱出来，内里的物质生长着，有了它自己的生命的形状。这其实也更贴近于事实，本来，内部的就比外部来得更重要，更是我的所思所想所要表达，所以，也更有活力，能够自生自长。同时，它也向你要求更多的养料，你必须努力地充实它，使它不至于流失行踪，最终无影无形。写小说就是这样，一桩东西存在不存在，似乎就取决于你是不是能够坐下来，拿起笔，在空白的笔记本上写下一行一行字，然后，第二天，第三天，再接着上一日所写的，继续一行一行写下去，日以继日。要是有一点动摇和犹疑，一切就将不复存在。现在，我终于坚持到底，使它从悬虚中显现，肯定，它存在了。

二〇〇五年三月二十四日　上海

（王安忆《遍地枭雄》，文汇出版社／上海文艺出版社
二〇〇五年五月版）

短篇小说检讨
——《化妆间》序

短篇小说对我来说，总是难得的。它需要一个特别适度的故事去配它的体裁，因它的体裁是相当轻盈和灵巧。倘若内里的容纳略大或略多，会显得笨重累赘；倘小和少了，则会轻薄。而这大和小，多与少，又似乎不完全与篇幅有关，它自有一种含量的规定，外力最好不要勉强它。这体裁是十分挑剔的，不仅挑剔写作的技术，也挑剔感受能力。它要求节制，想象力、笔力都须节制，而这节制又必须在优裕的基础上做到。所以，它又是颇费料的，你要舍得挥霍。它是一种特殊天赋的果实，这种天赋就好像能够接受神秘的旨意，可任意摘取美好的短篇小说。和写作中篇长篇不同，中篇尤其长篇是花笨力气的，好比砖砌房子，需要持续、耐劳的能力，有一些像奴隶的劳动，似乎更可依赖训练、学习和励志来达成。短篇小说则是有灵光的。我很遗憾灵光极少光顾我，我写短篇小说，一定程度上是一种练习，于是，便多带有匠气。而那些写得比较自然的，却又铺张了，失去了短篇小说的形式感。

这里的十个短篇小说，是在最近三年内写成的。我自以为比较像短篇小说的是《羊》《乒乓房》《51/52 次列车》。接近理想的是《羊》，但多少殇于精巧，有些走偏锋；《乒乓房》形式似还完整，但故事却有些不足，太微妙，微妙也不坏，但总不能算上乘的品格；《51/52 次列车》呢，旅途中的萍水相逢且又流俗了，只能在人物身上挽回得分，但人物在此逼仄空间里，活动又受了限制，就变得刻意了。从结构上看，《发廊情话》似通短篇小说的款曲，但匠心太重，其实将故事写紧了。写得得心应手的是《姊妹们》和《临淮关》，可它们又漫流出短篇小说的形式，为什么不干脆写成一个三万字以上的略大的作品？是因为材料本身的体量没这么大，我又不想稀释它。所以，它们虽然从容，却缺乏形式感。前者是听来的一个故事，其中最吸引我的一个细节是，当被拐卖的两个女孩中的一个逃脱出来，部队里服役的未婚夫却毁了婚约，乡人们也不能接受她，尴尬的处境里，她的行动是，寻找那一个被拐的伙伴！这个举动一下子使人物有了性格，也有了身世感。而很多年以后，让我终于写下这个故事的原因是，忽然眼前有了一个场面，就是当那女孩找到她的小姊妹，两个人嬉笑打闹着丢下襁褓里的婴儿，说："走！"于是，就走了。可真到这一节时，却因前边受过了那些苦楚，到此已经嬉笑不起来，于是写的就有些辛酸，改变了初衷。也是因为这故事是从这一小点上出发的，所以就不想过度扩张开来，所占的篇幅其实多是为了引渡到那一节，但又不能单纯地引渡，过程中便生出许多人和事的风趣。这应是好的写作境界，任水自流，可在我，短篇小说的空间总是局促，周转不开来，是天生的身手笨拙，就把故事撑大了。《临淮关》其实是要写淮河，青年时从河上面过往，必经临淮关，是个有年头的码头，上客下客均很汹涌。至今还记得锚的叮当，水手粗犷的脚步踩在跳板上的咚咚，上下船的纷沓，汽笛鸣叫。经临淮关是正值中午，太阳当头，江水白亮白亮，波光粼粼，小说中有一句，"对岸看不见有人，却传来杵衣声"，就是那情景。我从来没在那里登过岸，我只是对它心仪，于是就将一段旧事放在它上面演出。也许真该写成大篇幅的，河总是有足够的体量，可承载重物。但这个故事本身重力不足，我又不想小题大做，多少有些辜负河的容纳了。这两篇是比较合乎我铺张和粗拙的性格，但作为短篇小说的艺术，总是不够。

《后窗》也是写多了，又舍不得少写；《稻香楼》则写少了，本来是可写成一本书的，这就是我经验的局限了，我对乡村生活终究是隔膜的，这妨碍了我的想象，我不敢胡造，特别拘谨；《一家之主》更像是散文，作为小说，紧张度不够；《化妆间》其实是一个中篇的残像，起笔初是准备写三至五万字的篇幅，现今写下的是开局。开局太阔，也是野心使然，故事的体量就显得孱弱了，无论如何转笔都转不进具体的事件，折磨几日，终于认输，收尾，作一个短篇罢了。就这个开局，我内心挺钟爱，大约也是觉得原先的故事有些配不上，新的又未生出，只能玉碎了。

二○○六年三月六日　北京

（王安忆《化妆间》，台湾二鱼文化二○○六年四月版）

麦田物语
——麦田出版《麦田物语》序

我插队的地方，是淮河流域的平原，一年两季作物，一季麦子，一季黄豆。种豆的记忆都是与农作的劳苦联系在一起，犁去麦茬，耩下黄豆，由于牲畜不足，总是七八个人拉一具耩；黄豆出芽长叶正逢盛暑，锄豆子的活计就拉开帷幕，豆苗匍匐在地上，叶间露出灰白的地皮，锄板划开，有深褐色的新土翻出，转眼又叫烈日晒干；也不知老天爷如何算计的，挂豆荚的当口，一定连日大雨，豆地变成一片汪洋；倘若侥幸适时退水，便露出稀疏低矮的豆棵，未熟已衰，收获亦是戚然的，镰刀在枯瘦的豆棵里划拉，干瘪的豆荚裂出豆粒儿，滚在板结的地上——那是耗尽膏腴的土地，来不及歇地一茬接一茬耕种，多少嗷嗷待哺的口在等着。那麦子却是这贫瘠土地的亮光。麦子的长势总是比较顺利，经过夏季的风雨动荡，秋冬是安谧静好的，麦种就在这时候着床睡眠，然后苏醒，正迎来生机勃勃的春天。即便是在这里，疲惫不堪的土地上，春风依然是撩人的，麦子在这时节长起来了。可怜见的，它依然称不上苗壮，但却按时按令地拔节、抽穗、灌浆，你真是要惊讶大自然的手笔，它造出了什么呀！麦秆挺直，叶片修长，再扭扭地垂下，麦粒儿排列得端正，麦芒齐刷刷。我们那里有一个耕种的习惯，就是将豌豆间播在麦地里，麦子黄了，豌豆正好绿了，麦芒呢，亮闪闪。看麦的，割草的，走路的，尽可以下到麦田间，摘嫩豆角，连壳吃，甜津津的。等麦子割倒，打下，麦粒儿里滚着豌豆粒儿，磨成的面，绿莹莹，蒸出的馍，也是绿莹莹。

收麦的日子，阳光明媚，麦棵在刀口悄然倒下，拦腰扎成捆，举上大车，砌起黄金的城，辘辘走过大路，进了庄。麦秸的色泽特别光亮圆润，巧手的姊妹将麦秸捋平，编成戒指和手镯，套在结实黢黑的指和腕上。麦秸是庄户人的宝，茅草房漏了，是用它苫房顶；倘要是烧锅，就一定是烧最好的待客的饭食，麦秸火着得很快，烧得透，燃得尽，蒸发面馍，发得老高，贴饼子，几蓬火就红了锅底，饼一下子透了；麦秸铡成麦穰子，细细撒在半熄的火上，星星点点明灭着，锅里的稀饭就黏稠了。在收割的麦田里，用麦秸燎麦子，火灭烟起，一股子麦香扑面而来。总的说来，烧麦秸是奢侈的事情，因麦穰是牛半年的口粮。起房子时，麦穰是和在泥里做土坯的，就像水泥里的钢筋，是庄户人的建材。最不济的麦秸，是用来填毛窝，毛窝是农人冬天的御寒装备。苘麻编成鞋壳，填进麦秸，伸进脚去，全身都热了。那留在地里的麦茬，被犁铧翻起来，做了豆地的草肥，养育歉收的秋庄稼。麦子就是这么温润着农人清寒的岁月，点亮了黯淡的视野。

我们那里还有一种麦子，叫作荞麦。当大水彻底淹没豆地，播种的节令也错过的时候，还赶得及种上一季快熟的庄稼，那就是荞麦。在地势略高，退水早的地里，赶紧撒下种，几乎转眼间，出土长叶开花。荞麦花是白色的，在我们村庄田地的高处，平地里还泥泞着，沤烂着倒伏的豆棵，可这里那里，是纯洁的荞麦花，就像在安慰受委屈的心。荞麦的果实却是黑黄的，有一股子韧劲，特别难对付。刁蛮的老婆婆算计刚过门的新媳妇，第一顿饭就让做荞麦面馍。新媳妇的手插在面里，拔也拔不起来，和面的黄瓦盆摔烂了，面还在手上。要能做好荞麦面的饭食，就什么也难不倒了。

　　我曾经在小说《上种红菱下种藕》里写道，船老大载和尚走水路，让和尚讲故事听，和尚的故事里有一则，讲的是江西的觅宝人。这觅宝人跟循的宝脉断了踪迹，却已远离家乡，身在荒僻，眼看山穷水尽，却忽然从老鼠洞里挖出一把麦种，于是开荒下种，来年长出一片麦田，觅宝人想，这大约就是他要找的宝了。陈雨航先生看到这一节，忽来电话，说有无限的感慨，这时方才意识这麦田也是那麦田。埋头往格子纸上栽字儿，竟是落到"麦田"。就这样，人常常看不到自己的喜欢，有一次，朋友喜得贵子，命我起名，我给的就是一个"麦"字，也才知道心里一向存着什么。这大概就叫作"缘"吧！

二〇〇七年一月十九日　上海
（王安忆《麦田物语》，台湾麦田出版二〇〇七年四月版）

北去的歌

——为韩文版《长恨歌》、"三恋"所作

    我从来没有去过韩国，现在我的小说《长恨歌》和"三恋"要去韩国了，不知道它们将有什么样的际遇，韩国人喜不喜欢它们。

    《长恨歌》和"三恋"都是过去的作品了，尤其是"三恋"，写于二十一年前，回想起来，已经相隔了那么长的时间。"三恋"其实是指三部小说，《荒山之恋》《小城之恋》和《锦绣谷之恋》，人们习惯将它们称之为"三恋"，久而久之，我自己也这么叫了。这三个故事之间并没有情节上的关联，要说有，就是它们写的都是爱情。《荒山之恋》写的是发生在四个人之间的爱情；《小城之恋》则是纯粹两个人之间；《锦绣谷之恋》似乎要费解一些，它发生于一个人身上，这个人独自经历着一场恋爱，那个爱情对象面目是模糊的，他存在于臆想之中。不知道这三种爱情哪一种更合乎爱情的本质，也许都合乎，也许都不合乎，因为每一份爱情都是具体的，很难归纳出规律，所以，每一份爱情合乎的仅只是它自己的本质，这本质是与本人的经历、性格、遭遇相联系，也就是命运的意思。就像在之后十年所写作的小说《长恨歌》，此时，我放弃了对爱情归类的企图，只是写个别的人和事。我想，这就是小说所以而为小说的原因，它传达的是事物的生动性，而不是抽象的定理。

写作《长恨歌》距离如今也有十二年了，许多更新鲜的写作覆盖了它。由于它是我传播最广的一部小说，十年间不断地被提起，同时改编成话剧、电影、电视连续剧，于是，它又被覆盖上许多新的诠释。重重覆盖之下，它的本来面目变得陌生和不确定，连我自己有时候都会奇怪，这是我所写的《长恨歌》吗？当我写作它的时候，上海这个城市还寂寞着，并没有像后来那样成为时尚的潮流。《长恨歌》，包括之前我所写作的许多上海生活的小说，也都寂寞着。等到上海这话题突然间被开发出来之后，事情就变得热闹起来。《长恨歌》中的一些细节被认作上海的符号，然后加以渲染和放大。其实那并不是我的本意，我的本意还是人。当人在命运派给他们的时间和空间里容身，他们将如何活动？这也就是生活的生动性。也因此，我对时间和空间常常发生好奇，我觉得在这些游离变化着的载体中，藏匿着极强烈的戏剧性。这就是我会花费如此篇幅去描写上海的弄堂，邬桥的水乡，还有薇薇她们的时代的缘故。

在我居住的上海的西区地方，生活着许多韩国人，尤其是年轻人。看起来，他们和这城市的人十分相像，但却是说着完全不同的另一种语言，这语言提醒了我们与他们的不同。我时常猜测，他们来自一个什么样的家庭，有什么样的父母，什么样的童年以及成长的经验，将有什么样的未来，他们在想什么，又在爱着什么。当他们在餐馆、酒吧、咖啡座，消磨他们异乡人的闲暇夜晚，然后出门来，走在宁静的街上，望着两边的公寓楼，他们大概也会想，在拉闭的窗幔后面，有着什么样的人和事？我希望我的小说能够将窗幔后的灯光捻亮一些，投射出绰约的人影，渐显轮廓。

二〇〇七年十一月二十六日　上海

《采蘋采藻》序

　　这里收有三篇小说，两篇文学评论文章，字数相加，可达编者要求的二十万。选收的时候，并没有内容上的总体考虑，多半是出于一些具体的原因，就是尽可能是新作，与其他的选本不重复或者少重复，总之是面目比较生冷。《骄傲的皮匠》可算最近期的写作，尚没有收进任何集选；《新加坡人》写于二〇〇二年，是一个独立的中篇，但当时是与其他的中短篇专辑一本书，题为《现代生活》，如这样四万字篇幅难以成单行本出书的小说，通常不怎么引人注目，因此多不以为意，现在就让它搭"世界当代华文文学精读文库"之华车，浮出水面；《我爱比尔》是一部旧作，距今已有十二年之久，遭际也比较热闹，不仅单独成书，还入各种选本，评介甚多，但在港台地区只由"麦田"出版过一回，书名更为《处女蛋》，终于没有叫开，反有一时疑惑，不知《处女蛋》也是《我爱比尔》，放在这一集里，算作是正名吧！两篇评论文章，一是关于英国阿加莎·克里斯蒂推理小说，写于二〇〇五年，题名《华丽家族》，篇长近五万字，说是评论，其实是将阿加莎的小说打散了，重新结构起一个，很难归类，曾经配上图片出版过一本单行本，到底传播有限，就也趁此机会加入；再一篇是二〇〇七年为上海"白玉兰长篇小说丛书"作序，总共评价了包括自己在内的上海作家十五本小说，这些作家的创作大部分发轫于八十年代初中期，新时期文学的兴盛代里，且在以后的各个阶段写下了代表作，编辑丛书的意图也是为上海的写作画张地图，总序名《七月在野，八月在宇》，有两万余字，这样的占位与其他几部也称得相配。集拢了看，却意外发现，这些篇目彼此间竟有着某种程度的呼应契合，那就是它们从不同角度，描绘了上海城市的图景。

《我爱比尔》的题目中有爱，其实与爱无涉，那个美国人比尔几乎已成一个象征，象征全球化。以什么去谈爱呢？是那个"我"，名字叫阿三的中国女孩极为两难的处境。她不想以她中国人的特质与比尔相交，可是，对于热爱中国文化的比尔，她又有什么更有利的优势呢？说起来，阿三于比尔，也是象征，东方的象征。阿三问比尔，她是不是最好的，比尔不是回答吗？她是最特别的。那种油黄的皮肤，平坦的脸颊，细长的吊梢的眼睛，细瘦羸弱却十分柔韧、猫似的敏捷身体，还有被比尔所称道，"谦逊"的美德，不知是谁开的头，为西方世界制作成东方人的画像。它的诡异的吸引力，使它变得无比神秘，越来越遁入离群索居的幽闭之处。

《新加坡人》里的中国上海，却已是另一番天地，在道德严谨的李光耀政体之下生长的新加坡人看来，这城市是分外地开放与活跃，四处是喷薄而出的欲望，诱惑着来自经济发达的亚洲四小龙地区的诚实公民。新加坡人兴奋之余，不禁感觉到这城市的可怕，有一股力量暗中推动，身不由己地走向堕落。这就像是亚洲的命运，先发展与后发展都将付出代价，方式虽有不同，内容却都与人欲有关，一种是受压制的丰饶，另一种则是释放的贫瘠，两下里相逢，演出什么样的戏剧呢？

《骄傲的皮匠》里活动着的是完全不同的人群，他们似乎置身现代化趋势之外的生活里，可是他们却有着更加轩昂的面貌。在这城市的草根社会里，人们持着差不多是保守的传统观念，这观念到了坊间未必是严格的，难免有所变通，市井总是生气活泼，但决不会大冒犯，一旦临逾界限之危，自会周转，对天意人伦有着基本的敬重。那小皮匠，是这国际都市里又一种外来人，来自古朴的乡间，为流动的生机注入另一种活力。这劳动与生计处于社会基层的一隅，却可在千变万化中自给自足，也就是轩昂表情的来历。

《七月在野，八月在宇》是篇文学评论文章，其实也可看成对上海作另一番描摹，就是文学中的上海。在这里评介的多是上海作家写上海的小说，从中约略见出每个人与这城市的关系，如何生活于其间的现实，又如何将其摄入笔下的虚构，最终又成为另一种现实。论起来，《华丽家族》或许不那么贴合上海的话题，需要另辟蹊径作解释，怎么说呢？这城市里巷曾经流行一首童谣，唱作：马林当，马林当，大家都来马林当，伦敦——当！究其源头来自英国歌谣，原文可能是：FALLING DOWN，FALLING DOWN，LONDON BRIDGE FALLING DOWN，MY FAIR LADY！其实是一个儿童游戏，从字面上看，倒有一点倾城之恋的意思，传进异国坊间孩童口中，只是一些音韵，这大概可视作欧陆遗风。外滩江岸的弯度，建筑的天际线，楼体的石面，悬铃木——俗称法国梧桐，其实却是英国的树种，殖民时代，以屈辱的代价构建成城市格局，格局里的人和生活是怎么的一种呢？《华丽家族》写的是阿加莎·克里斯蒂，却也可当作对另一国度的想象，这个国度与我们有一种时空差异的关系。这么说，是否可附会上这本集子的主旨了？

这本应邀约而集的书，不管出于什么理由，将这些零散的篇目聚拢，内在和外在多少有些关联，也可视作一种际会吧！本文题为"采蘋采藻"，是从《诗经》中来，诗中女子采来蘋与藻，是用于祭祖，现在我也将这东采西采来的文章，祭于当代华文文学堂上，以表虔诚之心。

二〇〇八年八月二十四日　上海
（王安忆《采蘋采藻》，香港明报月刊出版社／新加坡青年书局
二〇〇八年十一月联合出版）

论长道短
——"王安忆短篇小说系列"总序

　　短篇小说在我并不是十分适合的体裁，所以当数点排列，发现竟有一百多篇的积累，就感到意外了，不禁要认真检讨写作短篇的经过和得失。漫漫回想，写作短篇小说大约可划分如此一些阶段——第一个阶段，其实是我写作的起步阶段。和很多写作者一样，短篇小说，尤其写儿童的短篇小说，往往是用来做练习，因内容浅近，篇幅轻巧而比较容易掌握。我第一篇小说，《谁是未来的中队长》，发表于一九七九年上海少年儿童出版社主办的《少年文艺》，六千字数。在第一次写小说的人来说，这已经是个了不得的工程，根本顾不上结构、布局，单是要编圆一个故事，就很费周折了。那种三百字一页的格子稿纸，十张三千字，二十张六千字，厚厚的一叠，颇有些分量，相当的成就感了。在写了几篇六千字以内的儿童小说以后，我尝试写作的第一篇所谓成人小说《雨，沙沙沙》，也是六千字。此时，在六千字内，似乎调停自如：开局，展现，高潮，收篷，多少有些套路，只是不自知罢了。事实上，这对于我已是个极限，超出这规模，恐怕就不怎么好收拾了。我说《雨，沙沙沙》是成人小说，从文学的角度，小说也许不能分"儿童"与"成人"，但在具体到个人的写作处境中，这个区别还是有意味的。儿童小说中的教育目的不可否认，特别是当我在《儿童时代》杂志社做编辑，去小学校调查、采写、收集意见、组织活动，是我们的日常工作。尽管小说只是业余的写作，但不可避免地，现实的学校生活提供了针对性的主题。这些主题的范围有限，同时和我的个人经验也有一定的距离，从严格意义上说，在我，儿童小说还不能完全算作小说创作，它们更接近于习作。所以，我自己常常是将《雨，沙沙沙》作为我的处女作，虽然它并没有彰显的成绩，而获得全国性奖项的《谁是未来的中队长》，我则是将其归入前写作阶段。也就是说，我的短篇小说第一阶段，是从《雨，沙沙沙》开始，这也是我整个文学生涯的开端。

对六千字篇幅的突破是不自觉中做出，但要细究，还是有原因的。连续发表小说助长了信心，许多积压着的体验和情感顿时找到了出路，一并涌向小说的叙述。说来也奇怪，在那二十几岁的年龄，远没摸到人生的深浅，可却是经验最丰饶的时期，其实是泥沙俱下，而现在，去芜存精。回过头去看那时的小说，难免汗颜，要留到现在写，绝不可能写成那个样子。然而，话说回来，现在也许就不会去写它了。那时候的粗糙，鲁莽，自有一股子活力，饱满极了，漫天漫地，伸手一握，就是一捧土，栽出了青苗，杂芜是杂芜，可是生机盎然。就这样，《雨，沙沙沙》之后不久，一口气写下《苦果》，超出了二万字。这一个短篇，更像是中篇，这时候，直到后来真的开始写中篇的时候，对短篇和中篇的结构，也还没到自觉的认识，多是以字数为区分，有话则长，无话则短，并不以为体例本身有意味。没有自觉也好，那就是自由，完全不受拘束。心中又激荡着情感，有无限要表达的欲望，一篇没结束，下一篇已经催逼上来。在我写作够一本短篇小说集《雨，沙沙沙》，便生出写中篇小说的野心。与其说是中篇的结构吸引我，不如说是篇幅。对于六千字起家的我，标准中篇的五万字是一具庞然大物，而我生性是贪大贪多，就是这种贪欲让我有了耐心。当你面对一个从未对付过的庞大字数时，首先需要的是耐心。在我写作第一部长篇小说时，这耐心就更长一级。在这表面的吸引之下，是不是还潜伏着一种需求，就是寻找更适合我本性的形式，这形式不只在于体量上的大小，更是在于结构，一个要比短篇小说粗笨结实的结构，因我天生缺乏那种灵巧的专属短篇小说的特质。这有待于漫长的时间和实践，渐渐地去发现。其时，我继续由着性子，写一阵子短篇，写一个中篇，写一阵子短篇，再写一个中篇，却也形成节奏，反映出某种规律，就是在短篇写作中积蓄起能量，在中篇里释放，然后，开始写第一部长篇。在这样貌似自然的交替之中，逐渐产生一种下意识的选择，将比较小的材料交给短篇小说处理，规模大的则留给中篇，以至于长篇。像《战士回家》《老康回来》《打一电影名字》等等，多是这些所谓"小"的材料。似乎出于暗中的偏袒，我越来越倾斜中篇，某些小材料，我无意间扩张了作中篇，于是，能够给短篇嚼食的，日趋零碎，并且越来越少，终至没有。《鸠鹊一战》是我挂笔短篇之前的最后一篇，说实在，它还是可以发展成一个中篇，是因为其中的人物是续中篇小说《好姆妈，谢伯伯，小妹阿姨和妮妮》延伸过来，旁开一个故事，人物都有前史，因而也有限制，不便强求，到好就收了。自此，打住，是一九八六年初。还有零星几篇，《阿芳的灯》《洗澡》，都是因邀稿殷切，不得已才写出，就像是短篇小说的余韵似的，再过一两年，一篇也没有了。这就是我所划分的第一阶段吧。

之后的十年，也就是一九八六年到一九九六年，十年里，我只写中篇和长篇。应当说，中长篇的体例是比较适合我的，我自忖长处是耐力，能够在较长时间里控制节奏，匀速前进。想到前面是漫长的篇幅需要去填满，会生出一种富足的心情，很兴奋。相反，短小的，如短篇小说那样的体量，从开头就可看见结束，倒急躁起来，按捺不住性子。短篇小说需要的是一蹴而就的弹跳力，我却没有，我是有些类似工匠，而且不是巧匠，属砌长城那种粗工。一块一块砌砖，越庞大的体量越让我进入竞技状态。这十年的末尾三年，我可说是连续写作两部长篇小说，《纪实与虚构》和《长恨歌》，其间写了中篇《伤心太平洋》，其后则是《我爱比尔》《姊妹们》。事情已经到了不节制的程度，可谓耗资靡费，真有掏空抽干的感觉，于是，刹那间止住。接下来的一整年没写作小说，只作些整理讲稿的文字工作，就像歇地一样，等待能量再次聚集。将息一年，一九九七年，复又开始小说写作，第一篇是短篇小说《蚌埠》。

其时，心情格外安静和从容，没有一丝强求，每一个字都是自然地舒缓地滋生出来。看起来，短篇小说总是作写作之始，抱小心谨慎的态度，但这一次和上一次又有所不同。上一次的谨慎多少是手足无措，这一次则有意为之，自觉地节制。从题目看，《蚌埠》应是篇大文章，可事实上，我只写了一万字的篇幅，我将这城市当人，为之画一幅像。第二篇短篇小说是《天仙配》，说了一个有头有尾的故事，要是放手铺陈开来，可作中篇，但我并没有旁生枝节，而是单纯地叙述完毕，不过，是个长短篇，一万五千字。短篇小说的写作，就此又拉开帷幕，带着一点探寻的表情。我对短篇小说有了敬意，也有了兴味，但不等于说我就对它有办法了，我还是自觉得不及。尤其是看刘庆邦、苏童、迟子建的短篇小说，是什么样的神来之笔啊！更知道自己的不相宜，也就因此，更甚于对它好奇，当然我只能后天努力。我发现短篇小说的题材并不止是"短小"，虽然我在"短小"处摸索了很久，比如《聚沙成塔》《小东西》《千人一面》，那都是些边角之类的材料，多少是余兴之作，并非我的本意。直到《喜宴》《开会》《招工》一批，我方才隐约摸索到路数，我想，短篇小说的材质应是轻盈。这一回，我是真受到它的吸引，但"轻盈"恰是我匮缺的，先天匮缺的，补也补不上来。我的笨重不时要漏出馅来，比如《酒徒》，直奔二万字，而我坚持这是一个短篇小说，我不是说它"轻盈"，而是这故事的材质有一种"枯瘦"，我不能注水。"枯瘦"能不能算短篇小说的特质之一呢？不知道，只知道"枯瘦"也不是我的特质，我是撞上什么算什么。不管发生了什么，自此，我没有中断短篇小说写作。在这连贯的写作中，事情并不是没有变化的，所以，我还是想再辟一个阶段。

第三阶段，我以为是从《发廊情话》和《姊妹行》开始的。此阶段，我正视了我在短篇小说上的缺陷，但不是以回避的方式，而是和解，尝试着与短篇小说建立一种两相得宜的关系。这两篇小说我都没有放弃讲述完整的故事，《发廊情话》，我做的是藏匿。将故事限制在固定空间和固定的视角里进行讲述，某部分情节便不得不隐身于未知中，留下揣测的余地。也因此，它更具备诠释的条件，于是，吸引了用功的人们的热情。我私心里却更喜欢《姊妹行》一些，我虽然决定它是短篇小说，但却没有约束自己天性上的拙劲，就是从头道来，所以显现出枝节蔓生的自由自在，篇幅也突破了两万字。迟子建也喜欢《姊妹行》，她说，最后，分田找到水，两人说走就走，看到这一节，她吓一跳，激动起来。这话正说到我心坎上，这个听来的故事搁了有十来年，终于让我决定写成小说，就是因为想象她们俩将婴儿一扔，拔脚就跑的情景，这一情景将两人的面貌描摹出来了。这是不是灵感？不知道，但它大约就属于那种"轻盈"，也大约就是这一笔，让我将故事规定于短篇小说。写作的人，就是这么心有灵犀。《姊妹行》也常常引人发问，为什么不写成中篇小说，我想，它可以写成中篇，但我恰巧将它写成了短篇，一个篇幅较长的短篇。此时，我对篇幅已不那么在意，区别短篇和中篇的，我以为更关键的，是材质。当然，有时候事情确实不那么好分辨，《临淮关》也是骑线，我当它短篇小说写，可是许多选刊将它作中篇选读。我也犹疑着它算不算一个标准的短篇小说，要知道，无论关于写作说出多少道理，临到下笔，多是不自觉，由具体形势所趋。但一些较为明显的错处是清楚的，比如《红光》，其实是一个中篇的结构，因为刻意要写成短篇，难免写得太节约，看起来就枯索了。在此亦可看出一个转向，以往是将小撑大，如今是将大收小，就像手生的匠人做活，会糟蹋材料。上乘的手艺人，从料就看得出是个什么活。爱斯基摩人说的，做活，不过是将多余的部分去掉，难的是不晓得哪是多余，哪是必需的存在。

在这一阶段里，除去自觉认识短篇小说的形式，还有一种行文上收敛的趋势。《长恨歌》可说是我泼洒文字的极致，第一句派生出第二句，第二句派生出第三句，句子的繁殖力特别强，无意中是怀有一股子鲁勇，看什么时候撞南墙。这种行文与我贪婪的天性也是有关系的，其实是滥伤了。任性到头自会返回来，归至平静，加法做完了开始做减法。我写作向来两稿，一遍草稿，一遍誊抄，过去，誊抄时一定会膨胀出来，此时却相反，誊抄时总是在删节。于是，能写短篇的不写成中篇，能在中篇里完成的决不扩张成长篇。这还称不上"锻炼"，而是出于，人生和写作都到了这样一种时期，能辨别什么是赘言了，"锻炼"当是指将要言也压紧密度。可小说说到底就是赘言，太过精确就不成其为小说，成经言了，但这又是必须走过的路程。从这意义上说，我们所写下的每一篇小说都是习作，都是实验，试着能走多远，走多远就要折回头，折回头又再走多远。回顾每一阶段，都有如此周期，先是不及，后是过之，只有中间一段是恰当的——在第一阶段中，是《人人之间》《阿跷传略》《老康回来》；第二阶段中的《喜宴》《开会》《招工》；第三阶段还没结束，我以为恰到好处是《黑弄堂》，可隐约觉得将到失足的边缘，已有"锻炼"的危险，稍一偏差，便伤之纤巧了。

短篇小说在我的写作里，特别地突出了文体的挑战，它使文体变成显学。由于先天上我与它有隔阂，就更可客观对待。它并不是我写作的主要部分，有时候，它似乎是作为反证存在，反证出什么不是短篇，而什么是中篇和长篇。由于对文体的自觉性，难免会有匠气，那是伤小说之身的。可不管怎么样，也是一个字一个字写下的手工活，到底流露的是真性情；集起来这么一堆，也是一堆真岁月。这就又离开了文本的话题，是流过我三十年写作的一条河。

二〇〇八年九月二十一日　上海

（"王安忆短篇小说系列"八卷本，九久／上海文艺出版社

二〇一五年十二月版）

白马的眼睛

——《弄堂里的白马》跋

听人说，曾经有一匹白马出入在上海老城厢的弄堂，操着卖乳的生计。脱离自己的族群，在这人潮涌动的城市，白马睁眼看见的尽是另类的脸和形状，充耳是另类的语言声音，穿行于另类的生活，多么寂寞啊！我没有看见过它，无论是它所在的街区还是年代，与我都相隔着一点距离，所以，它在我更像是一个虚构，而不是事实。我将它想象成一个折了翅膀的天使，坠落人间，尘世里，就有了一双天上的眼睛。行走在砖瓦水泥的千沟万壑——就是弄堂，耳闻目睹歌哭悲喜，似懂似不懂，最常见的或许是它最困惑的，而那些情理不通的倒在它是自然。它是赤子般的天真，因此而善解和同情，窥见隐秘的存在，洞察人心，甚而至于推理从前，预测未来。其实，白马的眼睛就是小说家的眼睛。

我想，这本小说里尽是看，看的也不是什么新鲜稀罕事，而是司空见惯的情景，但在新一轮的看里，重又变得陌生。这新一轮的看，是发生在新的经历和体验之下，有时候，自己也会惊讶，日复一日的生活，竟然会潜藏着不自知的变化，修改着内心。有一些成因在积累，积累到某个时刻，忽然就焕发出来。这里的街区在过去的小说里出现过无数次，它们被我的文字消耗，渐渐成了一个废墟，街上的人也成了蝉蜕。不曾想，这时这刻又浮现起来，失去了原有的清晰和生动，而是相当模糊的，正是这模糊，使它有了别一种面目，我对它又了解又不了解。我说它们是"浮现"，就像其中《浮雕》一篇小说里写的那样，这一种记忆的形态带有着绘画性，空间被时间积压变形，时间又在空间里重塑，最后变成一个平面的物质，所有的细节一并铺开，自行调度占位。

　　这一种看，追其根源，大约又是和讲述的欲望有关，事情变成了头追尾，讲述来于看，看又迫之于讲述。在讲述者的心中，总是有着一个聆听者，一个听故事的人，你渴望吸引他的兴趣。这个人随着生活的演进更替，产生于某种契机，似乎是出于偶然，可是你却发现，他越来越接近你的初衷，所以又像是必然，其实他谁也不是，就是你自己。是从你自己的欲望里虚构出来的一个人，就好像你去虚构那匹看人间的白马。这本小说集全部写于二〇〇七年，可算作这一年的纪念。

二〇〇九年四月六日　上海

（王安忆《弄堂里的白马》，台湾九歌出版社二〇〇九年版）

开卷前的话
——《剑桥的星空》香港牛津大学版序

　　书中所收集的四篇文章，要说是书评不是很像，因为并没发表对书的特别见解和批评，更是从书谈开去了。说谈开又不是谈得很开，只不过从这本书谈到那本书，从那本书又谈到第三本。这种徜徉多少能反映出我的生活状态，那就是从书本到书本。是一个职业写作者的困境，同时呢，也算得上福分。

　　文字在某种程度上掩护了我们的经验，不使我们从生活中直接受伤，代价是我们只能获取第二手的材料。但是在另一个方面，它们其实又具有一种内窥镜样的功能，它们总是引我们透过表面直至深处，那里有着更为本质的存在，于是也就更为尖锐而无法和解。如此一来，我们又不得不回到具体性里寻求安全，其时，被隔离了的生活就显现出了优渥，它以现实的普遍价值接纳了从文字中逃亡出来的人，使之避免坠落于虚无。读书的人就是这么一种两栖动物：时而用肺呼吸，时而用腮呼吸；时而在稳定的陆地，时而又到流动的水中。每一次互往且不是机械的重复，而是细微地改变着轨迹，好像无形中有一个气旋，或者说是推进器，嵌着肉眼看不见的刻丝，所以就回不到原来的位置，进入不到原来的空间。文字的遮蔽一层一层叠加，生活也因此从第二手变成第三手、第四手；其间或有一种背反的原理，文字的内窥镜功能一层一层进深，生活则从第二手还原为第一手，甚至负一、负二。实有与虚无的距离永远不会改变，但却是共存而且并进，形成相斥相吸的磁场。

像我们这样存活在文字里，都有着一种分裂的人格，我们不同程度地惧怕生活，唯恐避之不及；但却另有一种勇敢，明知不可为而为，似乎有自虐的倾向，专找那些绕不出去的危难，和自己作对。山西女作家蒋韵在一篇名叫《盆地》的小说中，写一个年轻的知识女性与她的工人师傅一段感情故事，那位没怎么读过书但饱尝人生体验的男子，对他的女徒弟作出一个评价，他说，你们这些人吃不了苦，却受得了罪！这句话真是太精辟了，它一语中的，给读书人画了像：既软弱，又坚强；思想的巨人，行为的矮子！这种人格，特别不适宜生存在艰困动荡、"放不下一张书桌"的时日，这些"低能儿"倘要被逐出书房，逼进现实，身体受着考验，精神则悬置起来，无所归依，实在是凄惨的事。

有一日，一名快递员送包裹来。外面下着雨，他一身的水，站在门口等我查收和签字。他望着房间角落里的我的书桌，因为阴霾的缘故，大白天也开了一盏台灯，灯光洞开了一个小天地，他忽然说道：真好，真羡慕你，能够学习！接过收据，他复又湿淋淋地离去了。由于他的话，再看自己的书桌，就看到了一个平安世道，不禁觉得幸福起来。而且，他方才用了一个"学习"的词汇，不是"读书"，也不是"写作"，是"学习"。认真生活的劳动者，就有足够丰富的经验，能够准确地表达事物的外相，勿论这件事物的表面是如何静止着，只在内部活动，他们依然一目了然。这里就有些相反相成的意思：一方是将复杂的事情简单化，一方则将简单的事情复杂化；一方将无形化有形，一方将有形化无形。

在此，我又说开去了，事实上，在这本书里，我并没有涉及如何深奥的道理，一个小说写作者，也不可能领略多少玄思的乐趣，我们终还是世俗中人，对生活的表象有执念。因此，我们所寄身的文字大约也是文字的表象，与生活的距离不那么远，之间的往互进出也是浅显的，深入不到哲学里去，多是始于常性，止于常理，只是文字将这常情变成了形而上。小说写作者就是这么一种半蚕半蛹的异类，蜕化到中途，退一步无果，进一步呢，变成蛾子，飞出去，没了，也是无果。

　　写作《天香》的将近两年时间里，一边写，一边看书。写长篇其实并不像外人以为的那般艰险和辛劳，需要的只是耐心，耐心之下则可匀速前进，成为生活的常态。相比写短小篇幅的急促，反倒有更多的闲暇与闲心，闲读一些书，不期然间得一些闲思。写毕《天香》，放自己一年假，不沾小说，只写闲章，就有了这几篇。多年前，在香港，北岛介绍认识林道群，他的书多由道群先生策划编辑，不论内文还是外装，都让我喜欢和羡慕，还不止是这些，怎么说呢？那日在餐桌上，听他们俩谈话，其中有一句是这样，道群说，某一类写作当适可而止，意思是再写就稀薄了。一个编辑劝作者不是多写，而是少写，更像出于文友的挚心，

就知道对文学持了谨严的态度。即刻在心里想，什么时候也
要在香港牛津大学出版社出一本书，现在，这时候到了。

二〇一二年三月三十一日　上海
（王安忆《剑桥的星空》，香港牛津大学出版社二〇一二年版）

我要的是一种天真
——《给孩子的故事》序

　　受托"活字"出版，编《给孩子的故事》。想了想，"孩子"的年龄段，下限应是认识汉字，数量多少不计，重要的是对书面表达能够理解，有没学到的生字生词，可以查阅字典，或者请教爸爸妈妈和老师。上限却有些模糊，小学高年级、初中和高中之间？就是十岁到十五岁，抑或十六岁，大概也不排除十七岁，将成年未成年，我们称之"少年"。这个成长阶段相当暧昧，不能全当成大人，但要作孩子看，他们自己首先要起反抗，觉着受轻视，不平等。也因此，我决定脱出惯常"儿童文学"的概念——事实上，如今"儿童文学"的任务也日益为"绘本"承担，意味着在"孩子"的阅读里，小心地划一条界线，进一步分工——我决定在所有的故事写作，而不是专供给"儿童"的那一个文类中，挑选篇目，收集成书。

顺延"给孩子的"系列：诗歌，散文，这一辑本应是"小说"才对，为什么却是"故事"，我的理由倒并非从文体出发，而在于，给孩子一个有头有尾的文本，似乎试图回到人类的童年时代，漫长的冬夜，围着火炉听故事。这可说是文学的起源，经过无数时间的演化，从口头到书面，从民间到经院，再从经院回到民间，书面回到口头——最近一届诺贝尔文学奖不是颁发给美国摇滚歌手鲍伯·迪伦？现代主义将形式的藩篱拆除，文学史等待着新一轮的保守和革命。孩子也许会提醒我们，事情究竟从哪里发生，从哪里发生就是本意，仿佛处于人类的源起。我想，每一个人其实都是一部独立的文明史，他们保有美学的本能，你要讲一件事情，就要从头开始，到尾结束，这是"故事"的要旨。这里收入的"故事"，基本上是小说，我以为，这是火炉边上的讲述后来形成的最有效模式。其中有几篇散文，也是有人和事，有发展和结局，称之"散文"是因为来自真实的经验，不是虚构，是非虚构，但并不违反叙事完整的原则。所以，我们称这本书为"故事"。

我可以为这些故事负责，它们不会使读故事的人失望。无论在怎样的不期然的地方出发，一定会到达期然；掉过头来，在期然中出发，则在不期然中到达。这是一点，还有一点承诺，些许要困难一些，那就是价值，这是选篇过程中，时不时受困扰的。倒不是说要灌输什么价值观，我们大人有什么比孩子更优越的认识？相反，我们还需要向他们学习，借用现在流行语，他们可称之"素人"，还未沾染俗世的积习，一颗赤子之心。难就难在这里，什么样的故事不至于为他们不屑，看轻我们这些大人。同时呢，也得让他们把过来人放在眼里。将一大堆篇目挑进来，摘出去，摘出去，拾进来，渐渐地，方才知道要的是什么。原来，我要的是一种天真，不是抹煞复杂性的幼稚，而是澄澈地映照世界，明辨是非。

为了使选编的苦心在阅读中实现，有些地方需要妥协，尊重局限性，服从共识的背景，于是将故事的时间范围规定在当代。我本来希望扩展空间，有港、澳、台以及海外的华语写作入编，但顾虑缺乏理解的基础最终放弃了。刚睁开眼睛看世界的孩子，视线辐射的半径还有限，要经过漫长的时日才能宽阔，这也就是成长的意义。

起初我们计划单篇控制在五千字以内，但往往超出，小说究竟不同于故事，故事在小说里只是一个核，一个活跃的，有自在生命的核，谁知道它会长出什么的枝叶，开出什么花，结成什么果。所以我说——不是我说，是进化的结果，小说是故事的最佳外形和容纳，它不是直奔目标，且在中途生出旁顾，这些旁顾不知望向哪里，也许正预示着深远的前方。小说与故事的区别就是，它边缘模糊，向四周洇染，洇染，无边无际，在那没有边际之处，藏着许多奥秘，等你们长大后去发现。

　　选目是一桩冒失的事，极可能有更好甚至最好的篇章遗漏，阅读和记忆以及搜寻总归是片面的，就在成书的这一刹那，就有好故事滋滋地生长拔节，只能留在下一季收割了！

二〇一七年一月十四日　上海
（王安忆选编《给孩子的故事》，活字文化 /
中信出版社二〇一七年四月版）

《小说与我》后记

有这本讲稿集，最初的起因是二〇一五年，香港城市大学中国文化中心前后期主任——郑培凯与李孝悌二位教授共同邀约，让我担任该中心短期客座，先后作六堂公开讲课。每每开班，都有张为群博士主持，李桂芳等秘书行政安排坐席，传递话筒。课程过半的时间，城市大学出版社朱国斌社长及编辑陈明慧提议，把讲稿整理成书出版。之后，便是出版社同仁们的辛苦劳动，记录六次课堂录音，分章节，定标题，提纲挈领，结构框架，同时添加注释，严谨细节。这工作既耗脑力，又耗体力，费时将近一年。

当我通读全稿，时时体会到整理者的苦心。顺口说出的字词，没头没尾的半截话，口头禅，往往语多不详，真仿佛乱草中寻觅路径。在讲堂现场，课题排序为："我与写作""小说那点事""阅读""类型小说""张爱玲与《红楼梦》"和"小说课堂"。整理者将"类型小说"调前到第三的位置，"小说那点事"延到第四，并将题名改为"从小说谈文字"，其他题目亦有文字的添加。这一改我认为极好，它强调了小说与文字的关系，将文字推上前台。

当然，也向我提出挑战，透露出立论立据的不足之处，推使我继续深进，为今后的思考增添了项目。整理者还将最后两讲互换，"小说课堂"第五，"张爱玲和《红楼梦》"殿后——我理解为出于分类的需要，谈小说的集一辑，谈具体个人的单立。而且，请张爱玲压尾比较有分量，不是吗？那一讲，听众最多。看起来，张爱玲在香港的号召力远未到收势之时。

这六讲里，"我与写作"——现取其大意微调作《小说与我》为书名，我是赞同的，因有讲故事的意思，读者会喜欢，单篇则题为《开展写作生涯》；"阅读"即书中的《漫谈阅读与写作》；"小说那点事"即《从小说谈文字》。这三讲是旧课目，曾经在不同场合用过，只是补充了观点，增添实例。严格说，我不太具备讲师的职业质素，不能在一个课题上常讲常新，而是疲意频发，需要不断地更换，才可激起讲述的欲望。于是，就像俗谚里的熊瞎子掰棒子，讲一课，丢一课，难免地陷于匮乏，是我不轻易接受邀约的原因。所幸在复旦大学教授创意写作，是工作坊的形式，情形每每不同，就没有一致的模式可供复制，也因此多年教学而不生厌。"小说课堂"就记叙了上课的过程，成为一个全新的讲题。同样的第一次进课堂，又有"类型小说"，即《细看类型小说》，《张爱玲和〈红楼梦〉》。因为是生疏的功课，就将它们排在后三讲里，也因为不成熟，整理者很费力气，自己通读也屡屡遭遇不顺，总感觉不够缜密，勉强成稿，还是有许多遗憾的。一个问题从产生到完成，须经过漫长的过程，急是急不来的，讲一次也是不够的，所以，一定数量的重复是必要的。

这本书的来历大概就是这些。顺便说一些题外话——住校的花絮。城大的食堂是我有限的经验中，最好的学校食堂，天天都像美食节，点餐与领餐简便快捷。高峰时段，窗口都有人指导引领，不致误了进食。城大与又一城商场贯通，其中的电影院排片密集，比内地的院线剧目丰富，不可同日而语。临走那一天，飞机航班延误，竟还赶上一部新片，美国电影《心踪罪》（*Dark Places*，又译《暗黑之地》）。打扫卫生的姐姐是昔日保安镇上人，可说内地改革开放的见证人和受益者，聊天中便收获一段亲历历史。在香港文化中心看了一场现代舞，新人新作集锦，其中最有印象的是一名越南舞蹈人的作品，似乎以土著人的祭祀为素材，释放身体的原始性，是有神论的诠释。偶有一日，经过一条沿海街市，名"新填地街"，倏忽间，香港的地理历史扑面而来。

二〇一七年二月二十六日　上海
（王安忆《小说与我》，香港城市大学出版社 /
广西师范大学出版社二〇一七年版）

邻家有女初长成

——王安忆"少年读本"序

　　这一套"少年读本"是从我多年积累的小说中挑选出来，专提供给孩子们的。内容都是孩子的人和事，但出发点却不尽相同。大致可分为两部分，一部分是为孩子写作，另一部分则不单为孩子，而是包括孩子在内的全体读者。前一部分集中在第一册，约占总字数的四分之一，从时间顺序上说，是我尝试小说文体的初始，可说文学的起步，或者说探水。后部分，也就是占去更大篇幅，接近四分之三的，则分散在之后的各个阶段。从内容看，前者应属"校园小说"，这样的模式多来自上世纪五六十年代，前苏联儿童文学对新生共和国的影响。著名的盖达尔，他塑造的少年先锋队员"铁木尔"，成为时代形象。小学校里，以"铁木尔"命名先进集体。到六十年代，中苏关系疏离，"铁木尔"热潮退却，盖达尔的小说依然流行在孩子们的阅读生活里。至今还记得，一年级的语文课，老师总是留下五分钟的空余，读一段《鼓手的命运》，最厌学的男生都屏息敛气，一动不动。还有一本《马里耶夫在学校里和在家里》，都是与我们差不多年龄，差不多生活——学校里和家里，可是却比我们有运气，赢取完全不同的遭遇。还记得有一部电影，名叫《彼得和七位数乘法口诀》，这位彼得每每背诵到"四七二十八"，必定念成"四七二十七"，也许只是一个口误，但影响了得数。就像一种执念，无论怎么认识和纠正，这一回改过，下一回又犯，循环往复，没有尽头。其时，城里来了一个马戏团，班级决定组织观摩，老师派彼得去买票。教室里的课桌横向七排，纵向四行，总人数为"四七二十八"。彼得默念着口诀去到马戏团大篷车买票，结识了表演马术的小姑娘，说好台上台下，不见不散。很不幸，"四七二十七"的结果，少买一张票，老师说，谁犯的错误谁承担，只好你不看了。眼巴巴看着全班同学欢天喜地去看马戏，留下彼得自己，和小姑娘的约定怎么办？最后一刻，他飞奔到家，倾尽扑满里的硬币，再飞奔到大篷车，买一张票，终于走进马戏场。演出已近尾声，辉煌的灯光里，小姑娘在小马背上，上下翻腾，绕场疾行。从此，彼得忘记什么，也不会忘记四七等于二十八了。

前苏联的校园小说，有一种庄严的情感，来自整体性的俄罗斯文学传统，还来自少年布尔什维克先锋精神。我以为，新中国的儿童文学当是在这背景下开拓道路，合上节拍，著名的任大星任大霖兄弟作家，他们提供了校园小说的本国模式。上世纪七十年代末，学习写作，儿时的阅读经验适时来临，这一册的题名《谁是未来的中队长》，便是一个佐证。

不只是我，还有许多同辈写作者，往往以儿童文学为开端，不像是出于偶然，多少有一些规律性的原因。儿童文学难免给人浅近的印象，初学者力所能及。在成年人心目中——写作者不都是成人吗？成年人以为，孩子的生活总是简单的，小孩子的阅读也是简单的，那么，就从这里入手。然后，我们练了笔，有了自信，不再满足于低龄的人事，企望向更高级进取，仿佛写作的成熟度和对象的成熟度恰为正比似的。于是，事情刚开头，便告别了。一九七八年，我入职复刊的《儿童时代》杂志社任小说编辑，又成为另一本复刊杂志《少年文艺》的供稿者，那是个复兴的年代，关停的重新开张，从来未有的在酝酿中，即将诞生。四处是热烈的讨论，检讨过去，推敲现在，预计将来。在一次儿童文学的座谈会上，任大星老师大谈马克·吐温的《汤姆·索亚历险记》，无论马克·吐温，还是汤姆·索亚，都不是新鲜的话题，不寻常在于，他们介入了儿童文学。我们向来遵循的教育的道统里，赫然出场另类角色。后来，任大星老师甚至提到"婴宁"，《聊斋》里的那个娇憨少女。以年龄论，合乎少年的界限，但中国人是早熟的，《红楼梦》里，贾宝玉和林黛玉不过十四五岁，已有涉情爱，婴宁的天真不也暗示着意淫？所以，"儿童文学"还真不是从生理年龄划分，更可能决定于意识形态的范约。此时此地此情，其实预兆着儿童文学的新生机，它正向丰富的复杂的世事开放，纵深抵达文学的本质，而我却结束了这一试探性阶段，进入上世纪的八十年代。回溯写作道路，通常从彼时算起，一九八〇年。一九七八和一九七九年，似乎是在史前，课程中的预科，不纳入正式学历。

然而，孩子是小说美学构成的重要部分，带有诗的意境。它隐喻万物源起，它可豁免文明世界的律法，天生一个自由身，它既是"形"，又是"形而上"，将艺术里虚拟和写实的悖论合二而一。就像苏格兰小说家詹姆斯·巴里创造的"彼得·潘"，他永远是个孩子，俯瞰人世间，不坠入尘埃。德国作家君特·格拉斯的《铁皮鼓》里长不大的孩子，俗世所称"侏儒"的那一个，私下以为大概就是从他而来。还有法国圣埃克絮佩里的"小王子"。他们凭了小孩子的特权——小孩子的眼睛就像古代巫术里的水晶球，任意改变时间和空间的形状，过去和将来，这里和那里，调换位置，模糊边缘，打散开，和起来，生出一个新天地。

《悲惨世界》的一节，冉·阿让搀着珂赛特，走在晨曦的薄霭中，小姑娘穿着黑孝服，怀里抱着粉红色的娃娃，粗蛮和娇嫩，苦难和甜蜜，交相辉映；屠格涅夫的《初恋》，男孩子爱上父亲的情人；詹姆斯·乔伊斯的《都柏林人》里，那一篇"阿拉比"，经过一整个白昼的等待，迂回的争取，轻微的反抗，终于走出家门，穿过街道，乘上火车，来到阿拉比大集市，却曲终人散，店铺打烊了，大厅显得格外的大和空寂，一声令下，熄灯，顿时漆黑一片，仿佛被遗忘在无人的星球……现代启蒙者批评旧中国没有"儿童"，也不尽然呢！西晋人左思，写过《娇女诗》，小女孩的活泼妩媚，儒教的谨严表情不觉掠过一丝莞尔；唐代李白的《结客少年场行》，"笑尽一杯酒，杀人都市中"，就是古时的学生帮派……事实上，儿童并不专属"儿童文学"，无论现实还是艺术，都有占位，走到哪，遇到哪，到底绕不开它。

好，暂且承认写作始于一九八〇年，而不是更早的"儿童文学"。可是，儿童却并没有退场，收拾收拾，竟也有一堆文字。仔细清点，《预备委员》一篇是应约曾经供职的《儿童时代》杂志，尚保持了"校园小说"的特性，其他则跃出了藩篱——不以题材和对象区划，只从写作具体的需要出发，也就是我们通常的说法，"成人文学"。完全摒弃"儿童文学"的概念似乎也很难，时不时地打扰一下，让人游移不定。像《人人之间》，有几次将它剔出去，最终还是被编辑梁燕拾了回来。虽然小说中有儿童，亦是校园的背景，但故事所涉世故人情却超出儿童的社会，你不能不顾虑约范，也就是伦理。问题又回到原点，"儿童文学"究竟是单独的文类，还是属于整体性的文学创作。可是，孩子的社会和成人的社会不就是交织重叠，岂能脱离彼此孤立地活动？罗曼·罗兰的《约翰·克里斯朵夫》，整整前三卷都是写克里斯朵夫的儿童时代，漫长的人生在此开端，即便是天降大任于斯人，遥遥指出远大的前程，也是从懵懂中起头，渐渐苏醒。

"苏醒"是特别符合文学内心的命题，睁开眼睛，世界走出黎明前的黑暗，就像神说"要有光"，就有了光；太阳从地平线升起，光辉照耀，同时，投下阴影，景物呈出立体的面，地表变得嶙峋，《屋顶上的童话》说的就是这个。本来有五则，先选三则，后来，商量着，再减去两则，保留一则，作为第四册的题目，也是整套书的结局。"童话"从字面看是说给儿童听的，事实上，大人也要听童话呢！安徒生的，格林兄弟的，卡尔维诺采集的意大利童话，还有中国蒲松龄的《聊斋》《搜神记》……所谓"童话"不过是个说法，也可能，听读童话是人类进化的返祖现象，类似尾巴一样的东西，无论你长到多大，走到多远，随时随地，期然不期然，会怀念夜晚坐在火盆边，听老奶奶讲述她和精灵的交情，就像阿拉伯故事集的名字，《一千零一夜》。反过来也是，当你在襁褓之中，实际上已经在经验全部人类的集体历史。但是，不着急，慢慢来，让我们一点一点进入，这世界有的是未解的秘密，灿烂的星空就是证明。

"成长"是文学又一大命题，它循序渐进的过程贴合文字叙述的时间形状，积累起"量"然后达到"质"的嬗变，则是万事万物的自然规律，艺术不就是模仿自然吗？离开"儿童文学"以后，所写的孩子的故事，可说都是成长，有第一人称，也有第三人称，比例大约一半对一半。第一人称容易被误解亲身所经历，其实倒并非如此，第一人称的主观视角，更宜于"看"，看世界；第三人称更客观，似乎有"被看"的意思，在此，"看"的人就是成人了，没有低小俯就，而是面对面，两下里都是独立的人格，平等地对视。我脱离儿童文学群体已经很久，不够了解如今的状况，所以心里也很犹疑，这些算不算得上"儿童文学"。在这些选篇中，我和编者没有回避身体的成长，比如《公共浴室》；还有，我们也没有回避阴暗面，比如《乒乓房》，比如《遗民》，这些空间和人事早已经流逝，不知又度过几轮新旧周期，进入下一个；更替中总要遗下旧痕，旧痕总是颓废的，处处可见孩子的戚容，比如《后窗》，比如《厨房》，那也是生活的表情，他们正在经历着呢，穿过隧道，就像"黑弄堂"，眼前豁然开朗……这一切，虽然并不来源写作者自身的生活，但也还是直接或间接地发生联系，最显著的证明是，它们全是城市的故事，即便第一册的"校园小说"，在狭义的"儿童文学"概念里，也在城市背景下。感性和理性的关系，前者对后者的制约，在我，是逃不脱的宿命。城市是我成长的地方，想象力飞得再高也脱离不了地心引力。第二册名为《弄堂里的白马》，真有点隐喻的色彩。弄堂是城市里的村落，在这水泥天地里，也造化着生命，从无到有，从嫩到熟，从熟到衰，再无中生有，循环往复，生生不已。建筑改变空间的结构，重建光和影的形状，草籽在墙缝着床，孵化出异类物种，无法入籍植物谱系，却也丰饶着孩子的视野。还有，太阳，月亮，风，雨，大气层，依着次第的经纬度，次第的物质能量，升降、出入、来回、明灭，诞生一个繁荣的小世界。

如此这般，从小说的大类中分离出这些文字，形成一个别类，奉献给孩子们，预习成年的阅读生活。也许，更可能，他们的心智并不如我们以为的晚熟，这些文字已经滞后，被远远抛下。那么，就当作追赶，追赶孩子们成长的脚步。

二〇一八年十月六日　上海
（王安忆《谁是未来的中队长》荣誉珍藏版，
浙江少儿出版社二〇二〇年版）

又见《富萍》
——台北麦田新版《富萍》序

　　写作《富萍》距今已二十年。那时候,《长恨歌》正在风头上, 说来也奇怪,《长恨歌》发表和出版的当时, 反应平淡, 倒是台湾"中国时报"给了一个年度好书奖, 但消息也没有传到内地去。直到四五年后, 方才热门起来, 多少和"上海"话题兴起有关, 人们突然想起它了。在此热潮中,《富萍》的出场, 就太不够抢眼了。不论其他, 只小说本身, 相比《长恨歌》的戏剧性, 也过于静谧了。可是我自己却很喜欢, 好像是经历过一场大起大落, 归于安宁, 开始体味人生常态的美丽。

　　在我个人, 所谓"大起大落", 亦不过是些杯水风波, 这和材料的局限有关, 也和趣味有关, 最重要的, 涉及膂力。倘若涵量大, 如《红楼梦》这样的家庭伦理儿女情爱也能演绎大悲恸。叫虽叫《长恨歌》，只是借古人的盛名壮声势行色，事实不过小哭调罢了。也因此，《富萍》更与我本性相合，以小见小。"富萍"这姑娘的名字，有评论诠释成"浮萍"，佐证是，故事中有一节，舅舅和富萍去野外谈心，走过池塘，说过"富萍"和"浮萍"同音。后来想想，确容易引起误会，这是小说批评的难处，生活的表象总是肤浅的，不够容纳概念，所以就要寻找隐喻。我没有想那么多，甚至很简单，不过写一个劳动者珍惜文字，顺手拈来的细节。"富萍"真的与"浮萍"无一点瓜葛，如要举出证据，那就是，富萍是有根的人，她恰是要将根从原生中拔起来，移植到新土壤里，这块新土壤另有生机，它可接纳外来物种，提供养料，问题是，这物种本身也要是剽悍的，甚至野蛮的，方才能够发出新芽。奶奶，吕凤仙，隔壁的太太，都是先例，"女骗子"也算得上一个，她现在是离开了，可谁说得准呢……富萍没有她前辈们那样彰显的光彩，还有些木讷，可是，生活不正在教育她？自主性即将浮出水面，还有，乡下人的笨力气，也会用得上，命运悄然脱离轨迹，走上新路。

她的原型来自幼年时候，短暂出现的一个女性，我用了她的名字的同音，富萍，究竟是哪两个字，没有考据过。选择这两个字，是因为它们有一种丰满的形象。她当然是顺从大人们的安排，回乡下做了"奶奶"的孙子媳妇。曾经小小一番挣扎，没有修成正果，现实总是不能尽如人意，并且，你也很难预测哪一种更好，于是就把判断交给想象力，去完成未完成，终结于你要的结局。

写作《富萍》是一个和顺的过程，带有温煦的感情，我所以对它满意也许因为这个，其中的享受令人怀念。没有一点干涸和迟滞，似乎所有困难都如期而至又如愿而解，最后尘埃落定，归于天然。它意味着一个写作阶段的开启，和之前的紧张、激动、急切不同，那一个追求速度和效果的时期应是在《我爱比尔》达到制高点，同时也是最后的释放，再以一系列短篇缓冲——《蚌埠》《喜宴》《开会》《天仙配》《酒徒》，仿佛将涣散的能量捡拾，收拢，集结，于是，坐下来，敲开《富萍》的门。二十年过去，情形在不自觉中转变，又一轮的焦灼来临，却是另一种。另一种困难，另一种胶着状态，后面等待的，也许是另一种和谐。

总之，为《富萍》写新序言，于我是一个机会，趁此检点过去的日子，审视目下的处境。一个职业写作人，时不时地需要进行这样的活动，在自觉和不自觉之间，营造可疏可近的关系。写作人往往度着两份人生，一份真实，一份虚拟，这两者又互相介入，互相作用，厘清边界，是为了再次坠入混沌。

二〇二〇年二月十九日　上海

（王安忆《富萍》新版，台湾麦田出版二〇二〇年版）

《心灵世界》新版序

　　《心灵世界》一书，来源于上世纪一九九四年复旦大学中文系本科的讲稿。那是有生以来第一次正式上讲台，不是讲座，而是一整个课程。后来，前任的系主任陈思和时常提醒我，教学资历不应从入复旦编制的二〇〇四年起计，当是推溯至一九九四——由他安排入教学计划，朱立元系主任颁发讲座教授聘书。这样一来我的"教龄"陡然增长十年。如我这样连中学都未好好读过，一举登上大学殿堂，多少有向命运讨回欠账的得意，心中却也是惶遽的。检点知识的库藏，首先是量的问题，够不够一个学期十四堂，减去一堂讨论，余下十三堂，每堂三节各四十五分钟；然后是质，有什么思想匹配得上同等级的时间？更可能只是浪费同学们的学习机会，本来他们可以用于更高的价值。即便那样的局促，我又额外设置限定，绝对不提个人的写作经验。为了和以往创作谈讲座区别，也是与小说者的身份厘清。不过，这本讲稿在台湾"印刻出版"发行时，编辑依然将书名题作《小说家的十三堂课》，上海文艺出版社重版，加进一堂新讲，沿用了这书名，为《小说家的十四堂课》，虽然其中并不涉及小说写作的实践，但前世今生，总也割不断了。如此，不谈写作实践，余下的便只有阅读生活，所有的文学储备都在这里了。说实在，我可是倾囊而出，集几十年的闲杂，从中筛选，方才说的课时规范，在某种程度也给予了格式。有些事情是内容决定形式，也有的反过来，形式决定内容。好吧，以往那些涣散的心得体会，有意识无意识地组织成序列，系统化了。

回想起来，那时候的自己，一是胆大，二是有力气。那一年特别出活，同时做了几件事。第一件，写《长恨歌》；第二，替导演陈凯歌写《风月》剧本，电影的工作方式完全不由自己说了算，说到就到，说去就去；而第三件上课，却纪律严明。每星期三早上，天不亮起床，转三部公交车到学校，中午下课回家，接着准备下一周的课，大纲是事先写好的，具体内容却要做案头。如今再度阅稿，十分惊讶自己怎么能讲这么多！换到现在，大约要省略一部分，简化一部分，还有一部分则以更扼要的方法解释。但是，多讲与少讲终究有差别，语多不详里，亦有着出其不意，离开其时其地其境，大约是说不出来的。就像读过去的小说，即羞惭和懊恼，同时清楚，过了那股子劲，之后断不会再有了。

可以想象，自己其实是缺少职业性方法和训练的，这一点仿佛从形态上就看得出来。有一个雨天，放在休息室的伞不见了，郜元宝，那时候是带班的老师，带一伙学生陪我去找，找到后勤阿姨处，她用严厉的目光看着我，斥责说：教师休息室，不是随便什么人可以进去的！然后又十分狐疑地问道：你到底是老师还是学生？身后的人一拥而上，将阿姨堵回去。我一直没出声，不敢承认自己是老师。

在复旦上课的事渐渐传开，有一个外地报社的记者闯到课上，坐下听了五分钟，忽站起来举起照相机，闪光灯一亮，即推门出去。教室里就有一阵骚动，之后，带照相机上课的同学就多了，幸好课程已到末尾，不几日便结束了。这个插曲令我非常生气，不只是扰乱了课堂纪律，还因为，它又将我推回到写作人的身份里。我不是反感做写作人，而是不想让一件事干预另一件事。

可是，情愿不情愿，对于上课，至今还有业外人的流习，那就是不能重复题目，这毛病阻碍了精益求精。每当我坐下来，将课堂实况整理成文字，总会看到许多残缺，遗憾到假如再讲一次，也许会更好，可是没了初涉的新鲜和挑战，兴致和热情也退去了。这可能是写作生活的影响，完成的东西再不让人满意，也不可能从头来一遍了。

书中的课程，我不会再讲了，倘有时机，还会在文字上作修补。从第一版至这一回统稿，自觉大体过得去，但不尽如我意处依然在，就是《百年孤独》一讲。之前我曾在《文学角》开专栏，写过书评，题目是《游戏的规则》，专分析现代主义小说的内部构成，受到文学评论家季红真的夸奖，到了课堂上，野心却有些大了，扩大到外部，企图对整个思潮作概括，显然没有做好。每每勘定到这章节，就有些踌躇，要进一步阐述，难免脱离真实的认知阶段。而且，现在的自己，已经不是勇进派，长处在思考多，短处也在此，求全责备。所以，就不动它，留下一个鲁莽的印记。出于同理心，书名也回到原来——心灵世界。

二〇二〇年三月十六日　上海
（王安忆《心灵世界》，浙江文艺出版社二〇二〇年六月版）

史诗的罅漏里

——《一把刀，千个字》自序

那还是上世纪七十年代末期，初进上海《儿童时代》杂志社，这一年暑期，我们几个年轻编辑分头赴各地夏令营采访。我去的营地在无锡，由共青团上海市委少年部主办。营主任少共出身，其时年近五十，颈上系着红领巾，率领营员们列队早操，游戏唱歌，形态十分庄严。生活走出秩序颠倒的十年光阴，回复正常，就仿佛暌违一生一世，样样都新鲜可喜，夏令营就是标志之一。记得开头一二日，可能是饭菜供应过量，孩子们又胃纳有限，餐桌上的浪费颇为惊人，剩的比吃的多。于是，立下规则，落座前，必诵读俭省节约的口号作勉励。这一段无韵词由营主任自创，用语冗赘，不易断句，念起来往往前后错落，倒有一种谐谑的效果，笑声中开动，盘光碗净。但总起来说，我这里似乎没有特别的经验，虽然都是各学校选拔的优等生，但小孩子能有怎样的建树？要说人才，有一位已考入中央芭蕾舞学校，假期后即去报到，前途尚在未来中，目下也和大家一起玩乐，尽情享受童年时光。

夏令营结束，各路汇集报告，去北方营地的同事有一点奇遇，她营里的一位同学是英雄母亲的孩子。要知道，全国上下正兴起追缅和反思，众人皆睡我独醒而付出生命代价的牺牲者，就像鲁迅先生的小说《药》，义士夏瑜清冷的坟头，如今堆满了鲜花。但是，对我们激动的询问，同事反应平淡，听她意思，那孩子似乎性情乖戾。显然，她并没有接近到他，莫说收获事迹的材料，连表达热情都不得机会。是社会急剧变革的缘故，还因为处在青春的勇进阶段，时间在加紧节奏，翻过一个又一个年头，事件接事件，浪潮赶浪潮，迎面扑来，转眼即成追溯。激流奔涌中，这从未谋面的孩子，一直藏在深潜处，偶尔地，蹿上来，冒一个水泡。岁月积累，想他已经长成大人，越过少年青年，行走漫长中年，于是，有一天，我想着，为他撰写一部传。这话有些言过其实，这孩子又不是阿Q，承当国民性的化身，寄予了思想者的失望，成为启蒙的对象。我也不是启蒙者,孩子他母亲才是。我和孩子都没有大的抱负,小说者的怀抱就是小的。这个"小"不尽是指渺小的意思,而是缺乏一个庞大的基数,可供归纳成类型。文学史上有许多人物后来成为名词,阿Q就是一个,还有福楼拜笔下的"包法利夫人",纳博科夫的"洛丽塔"——后者甚至载入词典。这是小说的先贤,也是特例,出了范畴的,并不能改变文体的世俗本质。我猜想,鲁迅先生写出了中国最好的现代小说却最终放弃,或者就是出于这个。小说哪里容得下先生的广博和深邃,它的德行只够承接罅漏里的无法归类的个别。

小说的难和易都在这里,这些无法纳入思想谱系、匿名的存在,你找不到参照的样本,不能触类旁通,启动现成的认识;可也正因为如此,才是独一份的。那孩子面容模糊,努力看去,随着清晰而逐渐变形。静止的他,活动起来也是变形的,不再是原来的他。就像"禅"似的,不能说,不能说,一说就是错。而小说确有些像"禅",担水扫地,烧煮洗晒,日出而作,日落而息,斗转星移,忽然之间得道。

多亏有法拉盛的地方，集合了海量的匿名，遍地都是不可归类。看它闹哄哄的，从七号铁路终点出站，刹那间裹进人流，顺势而去。市声盈耳，头顶飞扬着食物的气味，生的熟的，新鲜和腐败，谈不上珍馐，饱暖尚有余裕，兴冲冲的，却又有一种郁闷，但也不是虚无，当然，绝非乐观主义。所谓"小隐隐于野，中隐隐于市，大隐隐于朝"，"中隐"指的就是这里吧！回到七号线头上，曼哈顿四十二条街，驶过矿道似的隧道，那是大工业的历史，横跨纽约州上空。底下是广袤的地面，一小丛一小丛房子，街道蜿蜒，信号灯变换红绿，行人静静地等候。明知道那里有着真实的生活，可就是玩具似的，精巧玲珑的娃娃家。有点像张爱玲《谈音乐》里写到巴赫时的联想——"小木屋里，墙上的挂钟滴答答摇摆；从木碗里喝羊奶；女人牵着裙子请安……"但没有巴洛克风格新鲜的颜色，而是有些年头，做旧如旧的样子，人也带了一些戚容。往回溯去，也许是从那孩子过来的。事情仿佛有了头尾，可是两头中间，也就是禅修的日复一日，如何度过！

　　小说的魅力大概就在于此，多少年来乐此不疲。始于开头，还是由末尾倒推的，也许两端都有了，然后向中间合拢。总之，要将莫须有变成确凿无疑。人和事从混沌中一点一点生出来，越是凡人凡事越难生成，因为什么都是，又什么都不是，天工开物轮不到它，又不能脱离造化的法则，说是师法自然，可谁敢说有这禀赋！书名有点怪，像是有撞命门的心，几次替换，却怎么也换不得，一出来就是它了。"一把刀"是大俗话，扬州三把刀中的头一把，菜刀。带我长大的保姆是扬州人，一手缔造我们家的食风，曾经在小说《富萍》里透露过。上海的淮扬菜馆很多，总觉比不上她的手艺，尤其红烧一路的，有乡野气，最合小孩子的浓厚口味。有一条秘密通道，将你的经验引向不相干的经验，就像海市蜃楼，某地某时的情景，投射天上，再落回纸上，也就是下半句"千个字"。出处在清人袁枚写个园："月映竹成千个字"。按道理，小说的结尾应回去个园应题，但不知不觉，却来到钢厂的废址上的创意园区，真是扯得远，大概也是秘密通道作祟。奇怪的是，待写到这里，事情陡地清晰起来。一路彷徨，不知道生出个什么东西。历史背面的路径，隔了一层膜，依稀绰约，忽明忽暗。依我历来的写作速度，大约是耗时最长的一部，还乱了节奏。分明走出很远，回头看，不过盈尺。二〇一九年初开笔，结稿已然一年五个月有余，而终篇不过十七万字。心情则是闲定的，大概因为看不到尽头，反而灭了指望。只是一日捱一日，定时定点对一张空白纸，一个字一个字，百个字，千个字——蓦抬首，竟收尾之势。和那主人公一样，过去，现在，将来，全扑面而来，到了眼面前。生人变成熟人，原来是他呀！

二〇二〇年六月十三日　上海
（王安忆《一把刀，千个字》，台湾麦田出版二〇二〇年十月版）

图书在版编目（CIP）数据

史诗的罅漏里 / 王安忆著 . -- 上海：上海文化出
版社，2024.6
ISBN 978-7-5535-2794-9

Ⅰ. ①史… Ⅱ. ①王… Ⅲ. ①随笔－作品集－中国－
当代 Ⅳ. ① I267.1

中国国家版本馆 CIP 数据核字（2023）第 128922 号

出 版 人　姜逸青
责任编辑　赵光敏
装帧设计　介太书衣 叶　珺
排版制作　方　明

书　　名　史诗的罅漏里
作　　者　王安忆
出　　版　上海世纪出版集团　上海文化出版社
地　　址　上海市闵行区号景路 159 弄 A 座 3 楼　邮编：201101
发　　行　上海文艺出版社发行中心
　　　　　上海市闵行区号景路 159 弄 A 座 2 楼 206 室　邮编：201101
印　　刷　上海雅昌艺术印刷有限公司
开　　本　889 × 1194　1/32
印　　张　7.75
版　　次　2024 年 6 月第一版　2024 年 6 月第一次印刷
书　　号　ISBN 978-7-5535-2794-9/I.1079
定　　价　68.00 元

告 读 者　如发现本书有质量问题，请与印刷厂质量科联系
电　　话　021-68798999